# Itineraris

## Reptes i realitats

**lengua castellana 2**

**EQUIPO DE TEXT**

**EDICIÓN** Àngels Farré • **COORDINACIÓN DEL ÁREA** Clara Ametller • **COORDINACIÓN DE MAQUETACIÓN** Montserrat Estévez • **DIRECCIÓN DE ARTE** Cass • **COORDINACIÓN PEDAGÓGICA** Anna Canals • **DIRECCIÓN** Xavier Carrasco

**REDACCIÓN** Núria Hervada • **EDICIÓN** Núria Garcia • **GUIONES Y COORDINACIÓN DE LAS ESCUELAS** Ramon Moragrega • **ILUSTRACIONES** Cristina Losantos, Carme Sala • **DISEÑO DE CUBIERTA** La Page Original • **FOTOGRAFÍAS** Salvador Garcia, Àlex Ambit, Dreamstime, Fotolia, Freepik, Pixabay, iStockphoto, Shutterstock • **MAQUETACIÓN** Montserrat Estévez • **CORRECCIÓN** Paulino Rodríguez, Javier Rodrigo

Agradecemos la colaboración y participación de los niños y niñas de la escuela de Llers (Girona) en el proyecto "Itineraris" (Aina en el papel de Jana, Lia en el papel de Paula, Iris en el papel de Irene y Cesc en el papel de Edu).

Primera edición: marzo de 2022 • © 2020, Enciclopèdia Catalana, SLU • Josep Pla, 95. 08019 Barcelona • www.grupenciclopedia.cat • www.text.cat • contacte@text.cat
Impresión: Tallers Gràfics Soler, SA • ISBN: 978-84-412-3491-8 • Depósito legal: B 4853-2022

IRENE, PAULA, EDU
y JANA  están en segundo,
como vosotros. ¡Y también como
a vosotros les suceden
un montón de cosas!

Cada semana vais a compartir
con ellos un reto o una pregunta.
¡Seguro que juntos encontraréis
la solución!

# Cada semana,

que empieza con una situación real

te plantea un reto que te hace pensar

FASES DEL PROCESO

TEXTPRACTICA
Actividades de sistematizació

SITUACIÓN INICIAL

RETO O PREGUNTA

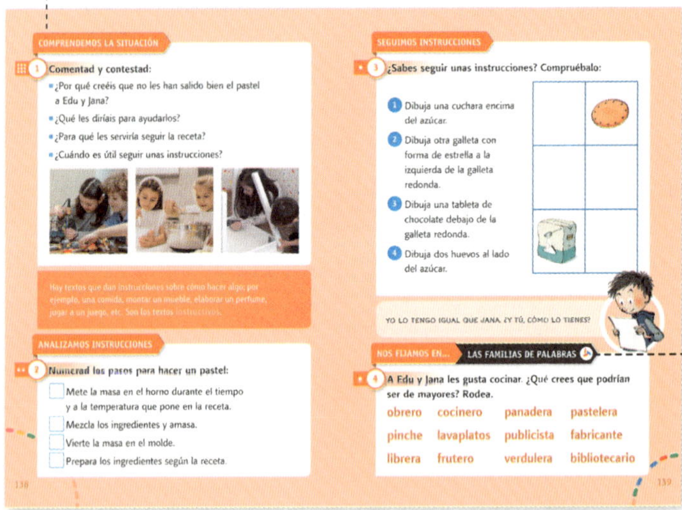


NÚMERO DE ITINERARIO

OBJETIVOS

ACTIVIDADES

- Individual
- Por parejas
- En grupo
- Todos juntos

ADHESIVOS

# un itinerario...

**y adquirir competencias**

**¡sin aburrirte!**

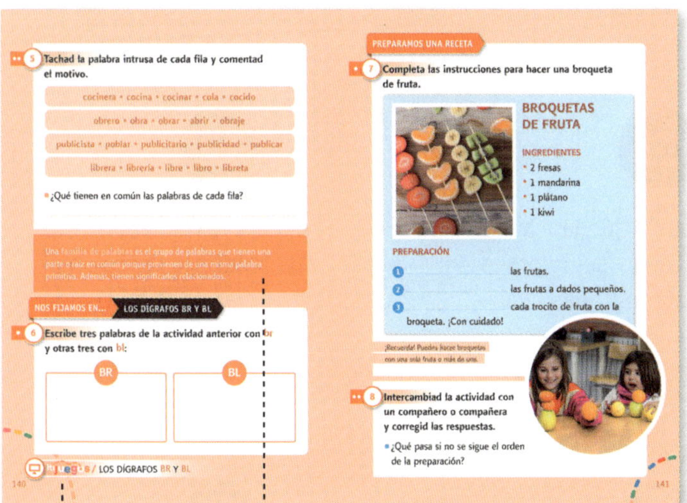

Y en tu espacio digital...

**ATENCIÓN A LA DIVERSIDAD**

**RECURSOS DIGITALES**
- Imágenes
- Vídeos
- Documentos descargables
- Enlaces

CONTENIDOS CLAVE

VALORACIÓN DEL ITINERARIO

JUEGOS INTERACTIVOS

Itijuegos

**ENTRÉNATE** E

Prepárate para las pruebas de competencias específicas.

# Índice Itineraris

Empezamos un nuevo curso. ¿Conoces a quien te va a acompañar en segundo?

# ¿QUIÉN ES QUIÉN?

1

## ¿Conoces a todos tus compañeros y compañeras de clase? ¿Cómo nos podemos presentar?

### EN ESTE ITINERARIO APRENDEREMOS...

- cómo nos presentamos.
- a escuchar a los demás.
- a distinguir el castellano entre otras lenguas.

## ESCUCHAMOS Y COMPRENDEMOS

**1** Escuchad las presentaciones y observad. ¿Quiénes se presentan? ¿Los reconocéis? Pegad cada nombre donde corresponde.

**2** Ahora, relaciona:

- JANA
- EDU
- IRENE
- PAULA

- Su padre les lleva al parque.
- Tiene un hermano mayor, Lluc.
- Tiene una hermana pequeña, Bet.
- Vive con su madre.

## 3 ¿Qué más sabes de ellos? ¿Verdad (V) o mentira (M)?

### ¿Dónde viven?

◯ Viven en el mismo pueblo. ◯ Viven en diferentes pueblos.

### ¿Qué les gusta?

☐ A Jana le gustan los plátanos.

☐ A Edu le encantan las croquetas.

☐ A Irene le gusta el zumo de naranja.

☐ La fruta preferida de Paula son las fresas.

ESTE VERANO HE CONOCIDO A MUCHA GENTE Y TODOS HABLÁBAMOS DIFERENTE.

**Recuerda cómo se han presentado. ¿Todos hablan castellano?**

## 4 Ahora, escuchad estas otras presentaciones. ¿Qué lenguas hablan? ¿Quiénes hablan castellano?

LUCÍA

MIA

JUAN

BEA

MICHEL

ASHA

## 5 Ahora, tú. ¿Qué lengua hablas?

- En casa hablo ........................................
- En la escuela hablo ........................................

## NOS PREPARAMOS UNA PRESENTACIÓN

## 6 ¿Qué información es importante cuando os presentáis?

- CÓMO ME LLAMO
- CUÁNTOS AÑOS TENGO
- CÓMO SOY
- DÓNDE VIVO
- DÓNDE VERANEO
- QUÉ ME GUSTA

## 7 Prepara tu presentación:

### PRIMERO

- Saludo: ........................................
- Me llamo: ........................................

### DESPUÉS

- Tengo: .................... años.
- Cómo soy: ........................................
- Vivo en: ........................................

### PARA TERMINAR

- Me gusta: ........................................

## 8 ¿Te acuerdas? A Edu le gusta inventar historias y jugar con sus amigas en el parque.

- Y a ti, ¿con quién o con qué te gusta jugar? ..............................................

......................................................................................................

En una presentación personal tengo que decir mi **nombre**, mi **edad**, **cómo soy**, dónde **vivo** y lo que me **gusta**. También puedo añadir información como si tengo mascota o a qué colegio voy.

### ENSAYAMOS Y NOS PRESENTAMOS

## 9 Entre tú y yo, ensayamos. ¿Cómo lo hemos hecho?

Según: ______________________________

| |  |  |
|---|---|---|
| Me he expresado con voz clara. | | |
| Me he presentado de manera ordenada. | | |
| He saludado. | | |
| He escuchado a mi compañero o compañera sin interrumpir. | | |

## 10 Ahora sí. ¡Anímate! Preséntate ante los demás.

## PRESENTAMOS A OTRA PERSONA

**11** **Ahora que ya sabes presentarte, ¿cómo presentarías a alguien de tu familia? ¿Y a tu mascota?**

Puedes grabarte en video.

**¿Cómo lo has hecho?**

| | | |
|---|---|---|
| He pensado lo que quería decir. | He explicado cómo soy. | He escuchado a los demás. |

## VALORAMOS

**12** **¿Qué has aprendido?**

- Sé distinguir el castellano entre otras lenguas.
- He escuchado a los demás sin interrumpir.
- He aprendido cómo presentarme.

### PARA TERMINAR, PIENSA...

✓ ¿Has necesitado ayuda en alguna actividad?

✓ ¿Qué es lo que te ha gustado más?

**¿TE HA GUSTADO?**

¿Qué significa «mover el esqueleto»?

☐ Bailar. ☐ Comer. ☐ Dormir.

# CUANDO BAILAS, ¿EN QUÉ TE FIJAS?

## 2

¿Te gusta seguir la letra?

**EN ESTE ITINERARIO APRENDEREMOS...**

- a leer y comprender la letra de una canción.
- el significado de palabras nuevas.
- a escribir un título para una canción.
- que los verbos expresan acciones.

# DOS ALEGRES ESQUELETOS

¿QUÉ CANCIONES CONOCES? ¿TE GUSTAN SUS LETRAS?

Bailaban dos alegres esqueletos;
bailaban dos alegres esqueletos. (bis)

De pronto se estrellaron
y cayeron al «piso» los huesos.
Y solo se movían las cabezas;
reían las alegres calaveras
buscando cada una los pedazos
de su osamenta.

*¿Qué significa osamenta?*

Ay, qué rico baile, sí.
Los huesos moviendo así.
Ya los esqueletos se armaron
y se están moviendo.

## COMPRENDEMOS LA LETRA DE LA CANCIÓN

### 1 Comentad:

- ¿Os parece divertida la letra de esta canción?
- ¿De qué trata? ◯ Esqueletos ◯ Huesos ◯ Dinosaurios

### 2 ¿Podéis ordenar los dibujos? ¡Probadlo!

**Volved a leer la letra de la canción y comprobad si lo habéis hecho bien.**

**3** ¿Qué significan las palabras de la canción que hay en las tarjetas?

Utilizad las tarjetas para jugar a relacionar cada palabra con su definición.

**4** Ahora, escribe qué significa cada una de ellas:

y cayeron al **piso** ..................................................

los pedazos de su **osamenta** ..................................................

de pronto **se estrellaron** ..................................................

ay qué **rico** baile, sí ..................................................

**5** Ahora, fijaos en el título de la canción. Inventad nuevos títulos y votad los que más os gusten.

- **Nuestro título:** ..................................................

..................................................

- **Los más votados:** ..................................................

..................................................

..................................................

..................................................

..................................................

..................................................

..................................................

NOS FIJAMOS EN... LOS VERBOS

**6** De las palabras anteriores, rodea las que representan acciones.

calaveras osamenta

piso

se estrellaron se armaron

- ¿Qué otras acciones realizan los esqueletos?

| | | | |
|---|---|---|---|
| | | | |

**7** Fíjate bien. Pega los adhesivos donde corresponda.

Los **verbos** son palabras que expresan acciones.

Itijuegos / LOS VERBOS

## LEEMOS Y COMPRENDEMOS

**8** Ahora que ya conoces la canción, ¿qué otra estrofa podría tener para terminarla?

○ Bailaban dos alegres marionetas;
bailaban dos alegres marionetas.
De pronto se tocaron
y cayeron como dos croquetas.

○ Bailaban dos alegres esqueletos;
Bailaban dos alegres esqueletos.
De pronto se miraron
Y les dió por quedarse muy quietos.

## VALORAMOS

**9** ¿Cómo lo has hecho?

- ☹ ☺ He leído la canción y he comprendido lo que dice.
- ☹ ☺ He aprendido palabras nuevas.
- ☹ ☺ Identifico los verbos.

### PARA TERMINAR, PIENSA...

✓ ¿Te ha gustado el trabajo sobre la canción?
✓ ¿Qué has aprendido trabajando en pareja?

¿TE HA GUSTADO? ☆ ☆ ☆

Hoy, Edu se ha enterado de que quieren hacer obras en el patio. Lo ha comentado con sus amigas, ¡y ahora todos hablan de ello!

# ¿HABLAMOS?

## ¿De qué te gusta hablar? ¿Con quién?

3

EN ESTE ITINERARIO APRENDEREMOS...

- a participar en una conversación y expresar nuestras ideas.
- a describir un espacio y expresar nuestros deseos.
- las normas básicas en una conversación.
- a escuchar a los demás y respetar el turno de palabra.

## ESCUCHAMOS Y COMPRENDEMOS UNA CONVERSACIÓN

**1** **¿De qué hablan Edu y sus amigas? Escuchad su conversación.**

**2** **¿Lo has entendido?**

- ¿Quién pone orden?

¿Qué quiere decir de uno en uno?

..........................................................................................................

¿De qué hablan?

◯ Del parque. ◯ Del aula. ◯ Del patio de la escuela.

¿Qué querrían tener en el patio de la escuela?

..........................................................................................................

..........................................................................................................

¿Qué le gusta más a Jana?

◯ Matemáticas ◯ Educación física ◯ Lengua

¿Cuándo se termina la conversación?

..........................................................................................................

## REPRESENTAMOS LA CONVERSACIÓN

**3** **Representad la conversación que habéis escuchado. ¿Cómo lo habéis hecho?**

- Hemos respetado el turno de palabra.
- Hemos usado un buen tono de voz.
- Hemos estado atentos.

- ¿Qué podríais mejorar? ........................................................................

........................................................................

........................................................................

SEGUIMOS HABLANDO DE PATIOS.

**4** **¿Cómo es el patio de tu colegio? Completa las frases para describirlo.**

- El patio de mi escuela es ........................................................................ .

  Tiene ........................................................................

  y ........................................................................ .

- ¿Cómo crees que se podría mejorar?

  Me gustaría que ........................................................................

  ........................................................................

  ........................................................................

## 5 Ahora, conversad sobre el patio que os gustaría tener.

- ¿Qué ideas habéis tenido? Nos gustaría ..........

..........

- Seguro que ahora os gustaría dibujarlo. ¡Adelante!

## 6 ¿Te has fijado? ¿Qué sentidos usas cuando hablas con alguien?

VISTA
OÍDO
OLFATO
GUSTO
TACTO

**Cuando no puedes ver, ¿qué sentido utilizas?**

..........

**¿Y cuando no puedes oír?**

..........

## RECORDAMOS LAS NORMAS

**7** ¿Recordáis las normas de una conversación? Buscad vuestra pareja y unid las tarjetas para elaborarlas.

Ahora, pegad cada adhesivo donde corresponda.

| | |
|---|---|
| ESCUCHAR | |
| PRESTAR | |
| PEDIR | |
| RESPETAR | |

En una conversación tengo que respetar el turno de palabra y expresarme de forma clara.

## ESCUCHAMOS Y HABLAMOS

**8** ¿De qué hablan ahora Jana, Paula e Irene? Escuchad su conversación.

- ¿Las habéis entendido? Hablan de...

- Continuad su conversación. ¡Recordad las normas!

**9** **Por parejas, hablad de la conversación que habéis tenido todos juntos:**

- ◯ ¿Habéis seguido el tema de la conversación?
- ◯ ¿Habéis respetado las distintas opiniones?
- ◯ ¿Habéis hablado todos?
- ◯ ¿Habéis usado un buen tono de voz?

## VALORAMOS

**10** **¿Cómo lo has hecho?**

- ☹ ☺ He participado en las conversaciones.
- ☹ ☺ Sé expresar mis ideas con claridad.
- ☹ ☺ He respetado las normas de conversación.
- ☹ ☺ He escuchado a los demás.

### PARA TERMINAR, PIENSA...

✓ Ahora que has acabado el itinerario, ¿sabes participar en una conversación?

✓ Al representar la conversación, ¿os habéis organizado bien?

**¿TE HA GUSTADO?** ☆ ☆ ☆

# ¿CÓMO VOY A ACORDARME DE TODO?

4

## ¿Qué podría haber hecho Edu para no dejarse el casco?

**EN ESTE ITINERARIO APRENDEREMOS...**

- a leer listas y comprender para qué sirven.
- a escribir una lista de palabras para recordar y organizarnos.
- qué tienen en común las palabras de una lista.

## OBSERVAMOS Y LEEMOS

### 1 ¿Qué texto ha escrito Irene?

PARA EMPEZAR, NOS FIJAMOS EN LOS DISTINTOS TEXTOS.

**PARA PATINAR**

Los patines deben tener ruedas de calidad para facilitar el ejercicio.

Hay que ponerse unos calcetines gruesos.

Llevar protección en la cabeza y en los codos y las rodillas.

Ir a un lugar seguro con el suelo liso o especial.

Empezar despacio para aprender a mantener el equilibrio.

PARA PATINAR NECESITO

- patines
- gorra
- calcetines gruesos
- protecciones para las rodillas y los codos
- casco

**¿Verdad (V) o mentira (M)?**

☐ Irene ha escrito un cuento.

☐ Irene ha escrito una lista.

☐ Una lista es una enumeración de cosas.

## NOS FIJAMOS EN LAS LISTAS

**2** **Comentad.** ¿Para qué sirve escribir una lista? ¿Cuándo las necesitáis?

**3** **Completa estas frases:**

PREPARAR | ESCOGER | NO OLVIDAR

- En un restaurante, la lista del menú sirve para .................................................. los platos.
- En un mercado, llevar la lista de la compra sirve para .................................................. lo que necesitamos.
- En la cocina, una lista te ayuda a .................................................. los ingredientes que necesitas para la receta.
- Cuando preparas la mochila para ir de colonias, hacer una lista te sirve para .................................................. nada.

**Y en clase, ¿qué listas tenéis?**

- lista de alumnos que se quedan a comer.
- ..................................................
- ..................................................
- ..................................................
- ..................................................
- ..................................................

**4** Ahora, descubre y tacha las palabras intrusas de cada lista:

MATERIAL ESCOLAR

- libreta
- ceras
- gorro de piscina
- libro
- rotulador
- bañador

DEPORTES Y ACTIVIDADES EXTRAESCOLARES

- patinaje
- futbol
- natación
- toalla
- balonmano
- estuche

**5** ¿Qué palabras pueden completar las dos listas anteriores? Escribidlas en el documento Trabajamos en grupo.

NOS FIJAMOS EN... LOS GRUPOS DE PALABRAS

**6** ¿Qué tienen en común estas palabras?

- Patinaje, futbol, natación... Todas estas palabras son nombres de ..................................................
- ¿Y estas?: agua, zumo de naranja, refresco, leche ..................................................

**Ahora, escribe palabras que sean del grupo de los juegos:**

..................................................

7 Ahora, escribe dos palabras más en cada una de estas listas:

8 Rodea con el mismo color las palabras que pertenecen a un mismo grupo:

rana
mesa
gato
puzle
oso
armario
muñeco
ballena
peluche
silla
sofá

Itijuegos / LOS GRUPOS DE PALABRAS

## ESCRIBIMOS NUESTRA LISTA

**9** **¿Qué has hecho hoy en el cole? Escribe una lista para recordarlo y contarlo en casa.**

- Hoy, en el cole he...
-
-
-

## VALORAMOS

**10** **¿Cómo lo has hecho?**

- He aprendido a escribir listas.
- Sé qué tienen en común las palabras de una lista.
- Ahora sé para qué sirven las listas.

### PARA TERMINAR, PIENSA...

✓ ¿Te gusta hacer listas y utilizarlas?

✓ ¿Has escrito las listas sin ayuda?

**¿TE HA GUSTADO?**

En clase hemos probado una fruta que no habíamos comido nunca. ¡Estaba riquísima! Pero no recordamos su nombre...

# ¿ME LA DESCRIBES?

## Cuando no sabes cómo se llama alguna cosa, ¿qué haces?

5

**EN ESTE ITINERARIO APRENDEREMOS...**

- a escuchar una descripción y comprenderla.
- a describir oralmente un alimento.
- a escribir cómo es un alimento.

## ESCUCHAMOS Y COMPRENDEMOS

**1** **Escuchad la conversación entre Jana y sus padres.**

**2** **¿Lo has entendido bien?**

- ¿De qué fruta hablan?

¿Qué forma tiene? Es como...

◯ una calabaza. ◯ un plátano. ◯ un limón.

¿De qué color es?

◯ Rojo ◯ Naranja ◯ Verde

¿Cuál es su textura? Se parece...

◯ al melón. ◯ a la manzana.

¿Tiene pepitas?

◯ Sí ◯ No

APRENDEMOS CÓMO DESCRIBIR

**3** Ahora, observa la fotografía y fíjate en los detalles.

El niño está comiendo una...

- ◯ pera
- ◯ cereza
- ◯ manzana
- ◯ papaya

Esta fruta es...

mediana

alargada

grande

rugosa

redonda

fina

pequeña

En su interior tiene... ◯ pepitas ◯ hueso

Tiene un sabor... ◯ dulce ◯ salado ◯ amargo

Escribe de qué color es por fuera: ____________

**Completa el texto con las características que has escogido.**

La cereza es .................................... y ...................................., de piel .................................... . Tiene un .................................... en su interior y su sabor es .................................... . Por fuera es de color .................................... .

MI ABUELO, CUANDO NO RECUERDA EL NOMBRE DE ALGO, ME LO DESCRIBE.

## 4 Escoge un alimento. ¿Cuál te gusta más?

- ¿Cuál has escogido? ..........
- Fíjate bien en cómo es para poderlo describir.
- Tipo de alimento: ◯ Fruta ◯ Verdura

Color: .......... Tamaño: ..........

Sabor: .......... Forma: ..........

Piel: ..........

- ¿Tiene semillas o hueso? ..........

## 5 Describe el alimento a tu compañero.

¿Lo ha reconocido? SÍ NO

Ahora, escúchale tú, a ver si descubres qué alimento ha escogido. ¿Cuál es?

..........

## PRACTICAMOS DESCRIPCIONES

6 Lee estas descripciones y pega cada fruta y su nombre en el sitio adecuado.

Fruto alargado y encorvado, de piel lisa y amarilla. Se come su pulpa, de sabor dulce.

Fruto grande de corteza verde y pulpa de color rojo, jugosa y dulce. Suele tener muchas pepitas negras.

7 Coged una tarjeta al azar y describid el alimento que en ella se representa.

¿Qué alimentos habéis descrito? Dibujadlos.

¿Han sabido los demás qué alimentos habéis descrito?

## DESCRIBIMOS

**8** **Imagina que has perdido tu mochila y pides a tus compañeros que te ayuden a buscarla. ¿Cómo la describirías? Recuerda su forma, su color, su tamaño... Dibuja tu mochila siguiendo tu descripción.**

Puedes grabarte y repasar después cómo lo has hecho.

## VALORAMOS

**9** **¿Cómo lo has hecho?**

- He entendido la conversación que hemos oído.
- He descrito alimentos.
- He comprendido las descripciones de mi compañero.

### PARA TERMINAR, PIENSA...

✓ ¿Has hecho las actividades sin ayuda?

✓ ¿Qué actividad te ha resultado más fácil de hacer?

**¿TE HA GUSTADO?**

¿Qué están haciendo?

- Recitan poesía.
- Leen un cuento.

# ¿RECITAMOS UNA POESÍA?

## ¿Cómo podemos organizar una fiesta de la poesía?

# 6

**EN ESTE ITINERARIO APRENDEREMOS...**

- a leer y comprender una poesía.
- quién es Gloria Fuertes.
- a escribir palabras con *ca, que, qui, co, cu.*

# EL GALLO DESPERTADOR

**Gloria Fuertes (fragmento)**

Quiquiriquí,
estoy aquí,
decía el gallo
Colibrí.

El gallo Colibrí
era pelirrojo,
y era su traje
de hermoso plumaje.

*¿Qué significa plumaje?*

—Quiquiriquí,
levántate campesino,
que ya está el Sol
de camino.

[...]

El pueblo no necesita reloj,
le vale el gallo despertador.

## COMPRENDEMOS LA POESÍA

**1 Recuerda el poema y cómo es su protagonista. ¿Verdad (V) o mentira (M)?**

- [ ] El gallo Colibrí es rubio.
- [ ] El gallo tiene un hermoso plumaje.
- [ ] El gallo despierta a todo el pueblo.
- [ ] El gallo es de color negro.

**2 ¿Qué significa?**

el Sol está de camino

..........................................................................................

el pueblo no necesita reloj, le vale el gallo despertador

..........................................................................................

**3 ¿Os habéis fijado bien? ¿Qué palabras suenan igual o casi igual al final de los versos?**

quiquiriquí ▸ colibrí

| | | |
|---|---|---|
| | ▸ | |
| | ▸ | |
| | ▸ | |

4 Poned en cada frase el número que le corresponde siguiendo el orden de la poesía.

☐ Quiquiriquí,
levántate campesino,
que ya está el Sol
de camino.

☐ El pueblo no necesita reloj,
le vale el gallo despertador.

☐ El gallo Colibrí
era pelirrojo,
y era su traje
de hermoso plumaje.

5 ¿Quién ha escrito este poema? Leed la información sobre la autora y completad la ficha.

NOMBRE ..............................

DATOS PERSONALES ..............................

..............................

..............................

OBRAS ..............................

..............................

PARA PARTICIPAR EN LA FIESTA DE LA POESÍA, ¿DEBERÍAMOS PRACTICAR?

## RECITAMOS LA POESÍA

**6** **Ahora que ya hemos trabajado esta poesía, ¿la recitamos en grupo? ¿Cómo lo habéis hecho?**

## NOS FIJAMOS EN... LAS LETRAS CA, QUE, QUI, CO, CU

**7** **En la poesía aparecen palabras como campesino o colibrí. Fíjate bien: ¿con qué otras palabras puedes completar la tabla?**

| | | |
|---|---|---|
| CA | | |
| QUE | | |
| QUI | | |
| CO | | |
| CU | | |

- ¿Te ha quedado alguna casilla por rellenar? ..........
- ¿Qué palabra puede completar la tabla? ..........
- ¿Conoces más palabras que tengan estas letras? ..........

..........

Itijuegos / LAS LETRAS CA, QUE, QUI, CO Y CU

## RECITAMOS OTRO POEMA

**8** **Escoge y escribe la palabra adecuada que falta en cada verso. Fíjate en la rima.**

ELEGANTES · PLUMERO · SOMBRERO · GUANTES

Doña Pito Piturra
tiene unos ..............................;
Doña Pito Piturra,
muy .............................................

Doña Pito Piturra
tiene un ..........................................;
Doña Pito Piturra,
con un .............................................

GLORIA FUERTES (fragmento)

- ¿De qué habla esta poesía? ¿Te atreves a recitarla?

## VALORAMOS

**9** **¿Cómo lo has hecho?**

- He entendido la poesía de Gloria Fuertes.
- He recitado la poesía.
- Sé escribir palabras con ca, que, qui, co, cu.

### PARA TERMINAR, PIENSA...

✓ ¿Te ha resultado fácil comprender las poesías?

✓ ¿Te gustaría recitar otras poesías?

¿TE HA GUSTADO?

A menudo, Edu se duerme escuchando los cuentos de su madre, pero ayer fue diferente. Cuando acabó de contarle el cuento, su madre le puso un reto: «El próximo... ¡me lo cuentas tú!».

7

# ¿QUÉ CUENTO TE CUENTO?

## ¿Cuál es tu cuento favorito?

**EN ESTE ITINERARIO APRENDEREMOS...**

- a escuchar y entender un cuento.
- a leer y comprender un cuento.
- a inventar y contar un cuento.

## ESCUCHAMOS Y COMPRENDEMOS

**1** Escuchad bien la historia que se inventa la madre de Edu.

**2** ¿Qué personajes salen?

- ◯ CAPERUCITA ROJA

- ◯ PULGARCITO

- ◯ PINOCHO

- ◯ BLANCANIEVES

- ◯ RICITOS DE ORO

- ◯ LOS TRES CERDITOS

**3** ¿Qué pasa primero? ¿Cómo acaba? Ordenad las frases con números.

- ☐ Ricitos de Oro encontró una casita en el bosque.
- ☐ El lobo quiso entrar por la chimenea.
- ☐ Pasaron el cazador, Caperucita y la abuelita.
- ☐ El lobo se quedó a comer con todos.
- ☐ La casita era de los tres cerditos y Ricitos se quedó a comer.

**4** Lee y escucha este cuento. Fíjate bien.

MI CUENTO PREFERIDO ES ESTE.

En un pueblo muy tranquilo, vivía un inventor que tenía un taller lleno de trastos e inventos. Se llamaba Leo, de Leonardo.

Un día, en este pueblo pasó una cosa muy extraña. Todos los que paseaban se despeinaban: niños y niñas, padres y madres, abuelos y abuelas... e incluso los perros y los gatos. Pero no era solo despeinarse, sino que los pelos, lisos o rizados, se quedaban estirados hacia arriba y no había forma de volverlos a peinar.

Así que todos los aldeanos, y también todos los animales del lugar, se quedaron con los pelos de punta.

Los aldeanos fueron a hablar con Leo, que no sabía nada de tal extraño suceso. Investigó y descubrió lo que pasaba. Un pequeño dragón magnético, teledirigido por el Monstruo-del-espanto, era el causante de tales efectos. Con mucho trabajo, Leo inventó un aparato con grandes imanes para desactivar al dragón magnético. Desde aquel momento, todo volvió a la normalidad y Leo siguió con sus inventos para poder proteger al pueblo de las bromas del monstruo.

## 5 ¿Lo has entendido?

**¿Cómo empieza el cuento?**

- ◯ Que todo vuelve a la normalidad.
- ◯ Los aldeanos van a hablar con Leo.
- ◯ Que la historia pasa en un pueblo muy tranquilo.

**¿Qué ocurre?**

**¿Cómo acaba el cuento?**

**¿Dónde ocurre la historia?**

**¿Qué personajes salen en el cuento?**

A MÍ TAMBIÉN ME GUSTA INVENTAR HISTORIAS.

## INVENTAMOS Y PREPARAMOS UN CUENTO

**6** **¿Por dónde empezamos? Primero, pensad...**

¿Dónde ocurre?

◯ En una ciudad. ◯ En un castillo. ◯ ..............................

¿Quiénes serán los personajes?

◯ Una inventora. ◯ Un monstruo. ◯ ..............................

### Y ahora, la historia...

¿Cómo empieza?

¿Qué ocurre?

¿Cómo acaba?

## CONTAMOS NUESTRO CUENTO

**7** **¿Verdad (V) o mentira (M)? Para contar un cuento tenemos que...**

- [ ] preparar bien la historia para contarla de forma ordenada.
- [ ] hablar siempre con el mismo tono de voz.
- [ ] gritar sin necesidad.
- [ ] hablar con voz clara.
- [ ] ayudarnos con los gestos, si hace falta.

**8** **¿Te cuento un cuento? Contad el cuento que os habéis inventado.**

- Después de contar el cuento, ¿qué podríais mejorar?

## VALORAMOS

**9** **¿Cómo lo has hecho?**

- ☹ ☺ He entendido los cuentos.
- ☹ ☺ He inventado un cuento.
- ☹ ☺ He contado el cuento de forma ordenada.

### PARA TERMINAR, PIENSA...

✓ ¿Te ha gustado contar un cuento?

¿TE HA GUSTADO? ☆ ☆ ☆

# LOS PERSONAJES DE UN CUENTO... ¿CÓMO SE INVENTAN?

# 8

## ¿Quién es Gepetto? ¿Qué personaje inventó?

**EN ESTE ITINERARIO APRENDEREMOS...**

- cómo empieza el cuento de Pinocho.
- a leer y comprender un texto literario.
- a escribir el singular y el plural de los nombres.

FÍJATE EN EL TÍTULO,
¿DE QUÉ TRATA LA HISTORIA?

# LAS AVENTURAS DE PINOCHO

Carlo Collodi (adaptación)

## De cómo Gepetto fabrica un muñeco maravilloso

Maese Cereza encontró un trozo de madera que lloraba y reía como un niño. Lo regaló a su amigo Gepetto y este lo tomó y se fue a casa para fabricar un muñeco maravilloso.

—¿Qué nombre le pondré? —se preguntó—. Le voy a llamar Pinocho. Este nombre le traerá suerte.

Gepetto comenzó a trabajar y enseguida le hizo el pelo, luego la frente y después los ojos. Hechos los ojos, figuraos su asombro cuando se dio cuenta de que se movían y lo miraban fijamente.

Después de los ojos hizo la nariz; pero la nariz, una vez terminada, empezó a crecer; y creció, y creció, y creció, convirtiéndose en pocos minutos en una narizota que no acababa nunca.

Después de la nariz le hizo la boca. Después de la boca le hizo la barbilla, luego el cuello, los hombros, el vientre, los brazos y las manos. Quedaban por hacer todavía las piernas y los pies.

Cuando lo terminó, Gepetto cogió al muñeco por debajo de los brazos y lo posó en el suelo, a fin de hacerlo andar. Y Pinocho empezó a caminar y a correr por la habitación, saltó a la calle y se escapó. Gepetto corrió detrás de él sin poderlo alcanzar.

*¿Qué significa alcanzar?*

## COMPRENDEMOS CÓMO EMPIEZA EL CUENTO

**1** **Pinocho es el protagonista del cuento. ¿Por qué se habla de él como un muñeco maravilloso?**

**2** **¿Has entendido cómo empieza la historia? Contesta:**

**¿Quién fabricó el muñeco maravilloso?**

- ○ Maese Cereza
- ○ Gepetto
- ○ Pinocho

**¿Qué hizo primero Gepetto para construir su muñeco?**

- ○ Las piernas
- ○ La nariz
- ○ El pelo

3 Con lo que sabes, ¿cuál de estos muñecos podría ser Pinocho? ¿Por qué?

.................................................................................................

4 ¿Quién es quién? Rodea cada uno.

personajes autor

Pinocho maese Cereza

Gepetto Carlo Collodi

5 ¿Qué sabemos del autor?

NOMBRE ........................................

DATOS PERSONALES ........................................

........................................

........................................

OBRAS ........................................

........................................

**6** Poco a poco, Gepetto construye a Pinocho. Fíjate y clasifica las palabras destacadas.

Después de la **nariz** le hizo la **boca**. Y después la barbilla, luego el **cuello**, los **hombros**, el **vientre**, los **brazos** y las **manos**. Quedaban todavía las **piernas** y los pies.

| UNO | | MÁS DE UNO | |
|---|---|---|---|
| | | | |
| | | | |

**7** Ahora, relaciona:

| | | |
|---|---|---|
| boca • | LA · LAS | • brazos |
| cuello • | EL · LOS | • manos |
| barbilla • | | • piernas |

**8** Completa las frases con las palabras que faltan.

**las piernas • el dedo • la mano • los pies**

- El muñeco tiene .................................... largas y delgadas y .................................... grandes.
- Al coger la pelota se torció .................................... pequeño de .................................... derecha.

Itijuegos / LOS NOMBRES

## CREAMOS UN PERSONAJE

**9** **Ahora que ya sabes cómo Gepetto creó a Pinocho, explica cómo harías tú un muñeco de plastilina.**

Le voy a llamar .................................................................

Primero le haré ................................................................

Luego, .............................. y, después, ....................................

Hechos los ojos, le haré ........................................................

y ....................................................................................

## VALORAMOS

**10** **¿Cómo lo has hecho?**

- He entendido cómo Gepetto creó a Pinocho.
- He leído y entendido un texto literario.
- Escribo el singular y el plural de los nombres.

### PARA TERMINAR, PIENSA...

✓ ¿Qué actividad te ha resultado más difícil de hacer?

✓ ¿Quieres saber más sobre Pinocho y sus aventuras?

**¿TE HA GUSTADO?**

# 9

# ¿PARA QUÉ ESCRIBIMOS NOTAS?

¿Escribes notas o te las escriben a ti? ¿Sirven de algo?

**EN ESTE ITINERARIO APRENDEREMOS...**

- a entender las notas y para qué sirven.
- a escribir notas.
- palabras que se escriben con *ch*.

## LEEMOS Y COMPRENDEMOS NOTAS

### 1 ¡Cuántas notas! ¿Para quién son?

¡VAYA! ¡MIRA QUE LES GUSTA ESCRIBIR! SE PASAN UN MONTÓN.

> Irene,
> Ve a casa de la abuela.
> Coge la chaqueta,
> la mochila y las pinturas.
> Yo iré a recogerte.
> Un beso,
> Mamá ☺

> Irene,
> Acuérdate de cerrar bien
> el grifo, que gotea,
> por favor.
> Mamá

> Irene,
> Hay fruta y
> yogur para
> merendar.
> ¡No comas chuches!
> Papá
> ♡

> Irene,
> ¿Puedes bajar
> la basura?
> Gracias, cielo
> Papá

Todas las notas son para ..................................................................................

Las han escrito .................................................... o ....................................................

## 2 ¿Qué dice cada nota?

- 4 Que saque la basura.
- ☐ Que vaya a casa de la abuela.
- ☐ Que cierre bien el grifo.
- ☐ Lo que puede merendar y lo que no.

## ANALIZAMOS LAS NOTAS

## 3 Relacionad. ¿Para qué sirve cada nota?

- Para reñir a alguien.
- Para recordar algo.
- Para pedir un favor.
- Para avisar a alguien.
- Para informar de algo.
- Para prohibir algo.

Una **NOTA** es un texto muy corto que se deja a otra persona para informarla, avisarla, recordarle o prohibirle algo.

## 4 Sobre las notas, pensad... y comentadlo.

- ¿Son largas o cortas? ¿Por qué creéis que son así?
- ¿Para qué sirven? ¿Se os ocurren otros usos?
- ¿Es práctico que sean adhesivas? Explicad por qué.
- ¿Cuándo os escriben notas o las escribís vosotros?

## NOS FIJAMOS EN... EL DÍGRAFO CH

**5** **Irene tiene que coger su mochila y su estuche. Ambas palabras llevan ch.** Marca las imágenes que representen palabras con ch. Escríbelas debajo:

**6** **¿Qué otras palabras llevan ch? Escribe una frase con dos de ellas:**

## PREPARAMOS NOTAS

**7** Se han mezclado dos notas.
¿Las reconstruís?

**8** Queréis recordar a un amigo o amiga que mañana iréis juntos a jugar al parque. ¿Qué nota le escribiríais?

Revisad la nota, corregidla y mejoradla.
Después, colgad todas las notas en clase.

## ESCRIBIMOS UNA NOTA

**9** **Antes de escribir, piensa. ¿Para quién será y por qué la escribes?**

¿Se entiende quién escribe la nota y a quién va dirigida?

¿Es corta?

¿Está claro el motivo?

## VALORAMOS

**10** **¿Cómo lo has hecho?**

- Reconozco cuándo un texto es una nota.
- Comprendo las notas.
- Sé para qué sirven las notas.
- Reconozco el dígrafo *ch*.

### PARA TERMINAR, PIENSA...

✓ ¿Te es más fácil escribir notas ahora que has terminado el itinerario?

✓ ¿Qué has aprendido que antes no sabías?

**¿TE HA GUSTADO?**

# ENTRÉNATE

## COMPETENCIAS ESPECÍFICAS

**¿QUÉ TE GUSTA?** Practica para hablar y escribir mejor a partir de tus emociones.

E

## ESCUCHAMOS

### ¿Qué le pasa a Jana? Escucha y contesta:

**1** ¿Con quién habla Jana?

**2** Jana no sabe...

- ◯ qué le gusta.
- ◯ en qué orden escribir lo que le gusta.

**3** ¿Qué le gusta a Jana?

- ◯ Comer pastelitos y fresas, y patinar.
- ◯ Ver llover.

**4** ¿De qué otra forma podemos decir que una cosa «me gusta»?

- ◯ Me encanta.
- ◯ Me disgusta.

**5** ¿Qué crees que escribirá Jana en su lista en primer lugar?

- ◯ Patinar.
- ◯ Dibujar.

LEEMOS

**Lee y marca las respuestas correctas.**

# MARVIN Y EL DRAGÓN REGORDETE

**Sir Steve Stevenson (fragmento)**

La gimnasia es la asignatura preferida de muchos, pero no de todos. A Marvin, por ejemplo, la gimnasia le gusta tanto como el dolor de muelas. O como cuando se te mete agua por la nariz en la piscina. O como cuando te pones un jersey de lana que pica. O como... bien, ya se ha entendido, ¿verdad? ¡La odia!

Sé lo que vais a decir: ¡vaya sorpresa, se ve a la legua que es un perezoso como quedan pocos en el mundo! Lástima que Wes, su profesor de Educación Física, no vea esto con buenos ojos. Además, se le ha metido entre ceja y ceja la idea de convertir al vago, gandul y desganado Marvin en un auténtico atleta.

**6** ¿A quién le gusta la gimnasia?

- ◯ A muchos, pero no a todos.
- ◯ Solo a Marvin.

7 ¿Qué significa «la gimnasia le gusta tanto como el dolor de muelas»?

- ◯ Que le gusta mucho.
- ◯ Que odia la gimnasia.

8 ¿Quién es Wes?

- ◯ El profesor de Lengua de Marvin.
- ◯ El profesor de Educación Física de Marvin.

9 ¿Cómo es Marvin?

- ◯ Perezoso, desganado y vago.
- ◯ Atlético, activo y fuerte.

## ESCRIBIMOS

**Y a ti, ¿qué te gusta? Escribe tres cosas que te gusten y tres que no. Explica por qué.**

Me gusta...

No me gusta...

El abuelo de Paula siempre le manda adivinanzas. ¿Le ayudáis a resolver la última que le ha enviado?

# ¿RESOLVEMOS ADIVINANZAS?

11

## ¿Con quién juegas, a veces, a adivinanzas?

**EN ESTE ITINERARIO APRENDEREMOS...**

- a entender adivinanzas.
- a inventar adivinanzas dando pistas.
- a resolver adivinanzas.

## ESCUCHAMOS Y COMPRENDEMOS

**1** **Escuchad las adivinanzas que propone el abuelo de Paula. ¿Las resolvéis?** Marcad la solución que corresponde a cada adivinanza.

**2** **¿Qué pista os ha dado cada adivinanza?**

En otoño vas a observar que caen, caen,
sin parar, y nunca paran de bailar.

- ¿Qué pasa en otoño? ..........
- ¿Qué significa que no paran de bailar? ..........

..........

Blanca por dentro, verde por fuera. Si no sabes, espera.

- ¿Puede ser una persona o un animal? ¿Qué cosas podemos ver en su interior? ..........

..........

- ¿Con qué palabra acaba la adivinanza? ..........

..........

**3** **Seguid con más adivinanzas... Relacionad cada una con su solución.**

PARA ENTRENARNOS, PODEMOS RESOLVER ADIVINANZAS.

Rosa, roja... incluso azul
es flor, no abedúl.
Con su olor se hace perfume
y de ello la flor presume.

¿Cuál de las flores
es la que lleva
en su nombre
las cinco vocales?

Orquídea

Rosa

**4** **Ahora, anímate a buscar más adivinanzas.**
**Escribe *Adivinanzas para niños* en un buscador y copia una de ellas.**

5 **Leed las adivinanzas que habéis encontrado y averiguad la solución de las que plantean vuestros compañeros.**

**Escribid una de las adivinanzas planteadas en grupo y dibujad su solución.**

**¿Cómo la habéis averiguado? ¿En qué pistas os habéis fijado?**

.......................................................................................................

.......................................................................................................

.......................................................................................................

## ANALIZAMOS ADIVINANZAS

**6** **Observad la imagen y leed las pistas. ¿Cuáles servirán para completar la adivinanza?**

AMARILLO | LUNA | ROJO | SOL

Vestida de .................................................. va
y buscando el .................................................. siempre está.

**Escribid la solución. ¿De qué se trata?**

..................................................................................................

**7** **Ahora, un poco más difícil. Si ordenas las letras obtendrás dos palabras que te darán pistas.**

AMIRPVARE     OORJ

Aparezco en .................................................. .
Y para pintar de .................................................. los campos
yo soy la primera.

**Escribe la solución. ¿De qué se trata?**

..................................................................................................

## RESOLVEMOS ADIVINANZAS

**8** Escucha bien las dos adivinanzas que plantean Irene y Paula. ¿Cuál es su solución?

## VALORAMOS

**9** ¿Cómo lo has hecho?

- He entendido las adivinanzas.
- He completado adivinanzas usando pistas.
- Ahora sé que las adivinanzas son juegos de palabras.

### PARA TERMINAR, PIENSA...

✓ ¿Qué más crees que deberías saber sobre las adivinanzas?

✓ ¿Qué has aprendido trabajando en pareja?

¿TE HA GUSTADO?

Edu ha ido a jugar a casa de Jana.
De camino, un vecino lo ha saludado.
«¿Quién era?», le ha preguntado su amiga.

# ¿CÓMO SE DESCRIBE A UNA PERSONA?

# 12

## ¿Tienes vecinos y vecinas?
## ¿Has tenido que describirlos alguna vez?

**EN ESTE ITINERARIO APRENDEREMOS...**

- a leer y comprender la descripción de una persona.
- a describir a una persona.
- palabras sinónimas y antónimas.

# DÍAS DE CLASE

**Daniel Nesquens (fragmento)**

Mi vecino, que no sabe en qué piso vive, es un señor regordete. Su barriga es evidente. De unos cuarenta y pocos años de edad. Siempre lleva una camisa de cuadros y un botón suelto por el que se le ve la piel blanca, y algún pelo. Su cara es redonda como una naranja, con unas mejillas lustrosas que parece que haya terminado de comerse un enorme plato de sopa todavía caliente. Es amable, es cariñoso y no le cuesta trabajo sonreír.

Cuando te lo encuentras en el ascensor es el primero en saludar y preguntar a qué piso va usted (siempre nos trata de usted), para pulsar el botón correspondiente. Entonces pulsa el número que le dices y otro que tendría que ser el suyo, el del piso en el que vive. Pero no es así, pulsa un botón al azar. Entonces hay que decirle:

—Señor Mariano, que usted no vive en el cuarto piso (si por ejemplo ha pulsado el número cuatro), que usted vive en el decimoquinto.

—Claro. ¡Ay, qué tonto! He llevado tal día de trabajo que no sé ni dónde vivo —dice, disculpándose. Y mira al techo.

## COMPRENDEMOS LA DESCRIPCIÓN

### • 1 ¿Quién de estos tres es el señor Mariano? Píntalo.

- ¿Cómo lo has sabido? ..............................................................

..............................................................................

### •• 2 El señor Mariano es...

| | | |
|---|---|---|
| ◯ despistado | ◯ amable | ◯ gruñón |
| ◯ regordete | ◯ delgado | ◯ sonriente |
| ◯ huraño | ◯ atlético | ◯ barrigón |

## 3 Si el señor Mariano se encuentra con alguien...

| | SÍ | NO |
|---|---|---|
| Pregunta a qué piso va esa persona. | | |
| Aprieta el botón de un piso cualquiera. | | |
| No le cuesta trabajo sonreír. | | |
| Dice a qué piso va él. | | |
| Se abrocha la camisa de cuadros. | | |
| Saluda. | | |
| Trata a todo el mundo de usted. | | |

## NOS FIJAMOS EN... LOS SINÓNIMOS Y ANTÓNIMOS

## 4 Aquí hay algunas palabras que describen personas. Pegad las que significan lo mismo.

cariñosa

despistada

tímida

alegre

amable

gruñona

## 5 Emparejad las palabras que significan lo contrario.

| | |
|---|---|
| REGORDETE | ANTIPÁTICO |
| SONRIENTE | COMODÓN |
| ATLÉTICO | SERIO |
| SIMPÁTICO | DELGADO |

¡VOY A USAR MUCHAS DE ESTAS PALABRAS!

Los **sinónimos** son palabras que tienen un significado parecido.
Los **antónimos** son palabras que significan lo contrario.

Itijuegos / LOS SINÓNIMOS Y ANTÓNIMOS

## PREPARAMOS DESCRIPCIONES

## 6 Todos tenemos vecinos y vecinas. ¿Cómo son los vuestros? Dibujad uno.

- ¿En qué se parecen al señor Mariano? ¿En qué son diferentes?
- ¿Viven en el mismo edificio o en la misma calle...?
- ¿Cómo son? Fijaos en su físico y en lo que hacen: cómo saludan, cómo andan, de qué hablan, etc.

## DESCRIBIMOS A UNA PERSONA

**7** **Describe a tu vecino o vecina. Acuérdate de revisar y mejorar tu descripción cuando termines. Fíjate en cómo se ha descrito al señor Mariano.**

Mi ……………………………, que vive ……………………………,

es un/a …………………………… de unos ……………………………

años. Siempre lleva …………………………………………………….

Su cara es …………………………… como ……………………………,

con unas mejillas ……………………………. Es ……………………………

y es ……………………………, y no le cuesta trabajo

…………………………………………………………………………….

## VALORAMOS

**8** **¿Qué has aprendido?**

- He leído y comprendido la descripción.
- He sabido describir a mi vecino o vecina.
- Sé identificar sinónimos y antónimos.

### PARA TERMINAR, PIENSA...

✓ ¿Has participado en las actividades de grupo? ¿Cómo?

✓ ¿Te ha costado describir a personas? ¿Por qué?

**¿TE HA GUSTADO?**

# ¿TE GUSTA CONTAR LO QUE TE PASA?

13

## ¿Cómo se te da escribir tus vivencias?

**EN ESTE ITINERARIO APRENDEREMOS...**

- a recordar experiencias y comprender las que nos cuentan.
- a contar por escrito una experiencia.
- a formar oraciones y completar frases con verbos.

## RECORDAMOS LO QUE PASA

### 1 ¿Qué ha pasado?

- ◯ Han ido al acuario.
- ◯ Han ido al museo del mar.
- ◯ Allí no había lenguados y caballitos de mar.
- ◯ Han hecho submarinismo.
- ◯ Jana se ha asustado al ver los tiburones.
- ◯ Todos quieren contar lo que han visto o les ha pasado.

### 2 Unid y formad oraciones:

Paula cuenta •

Edu explica •

Jana cuenta •

• que el bebé delfín nadaba junto a su madre.

• que no veía el lenguado porque estaba camuflado en la arena.

• que se ha asustado al ver un tiburón.

### 3 ¿Verdad (V) o mentira (M)?

- ☐ Irene es quien ve el lenguado.
- ☐ Jana quería nadar con los tiburones.
- ☐ A Edu le gustó mucho el bebé delfín.

4 ¿Qué animales viven en el acuario? Inventad tres frases sobre ellos.

- ........................................
- ........................................
- ........................................

5 En las frases que habéis escrito subrayad quién hace la acción en azul, y lo que hace o le pasa en naranja.

El delfín nada junto a su madre.

6 ¿Dónde va cada verbo?

VE VISITAN VIVE

- Los amigos .................... el Acuario.
- El pez payaso .................... en una anémona.
- Irene .................... un lenguado.

Itijuegos / LAS ORACIONES Y LOS VERBOS

## 7 Así ha contado Jana su experiencia en el Acuario:

El pasado sábado, fui con mis padres al Acuario. Vimos un bebé delfín con su madre, caballitos de mar, peces payaso y también lenguados muy bien escondidos. ¿Sabéis qué mé pasó? Cuando llegamos al acuario más grande, me asusté porque había tiburones y no me lo esperaba. ¡Estaban tan cerca que casi se podían tocar con las manos! ¡Qué susto!

## 8 Contestad:

- ¿Cuándo fue?

LUNES | MARTES | MIÉRCOLES | JUEVES | VIERNES | SÁBADO

- ¿Con quién fue? ..................................................
- ¿Qué hicieron? Visitaron ..................................................
- ¿Qué le pasó durante la visita? ..................................................

..................................................

## PREPARAMOS NUESTRA EXPLICACIÓN

**9** **Piensa en una experiencia agradable o divertida. Anota...**

- ¿Cuándo pasó? ..........
- ¿Qué hiciste? ..........

..........

- ¿Con quién estabas? ..........
- ¿Cómo te sentiste? ..........

..........

## ESCRIBIMOS LO QUE HA PASADO

**10** **Escríbelo contándolo todo en orden.**

## REVISAMOS LO QUE ESCRIBIMOS

**11** **Reflexiona:**

- ¿Has pensado antes de empezar a escribir?
- ¿Por qué has escogido esta experiencia?
- ¿Crees que se entiende lo que has escrito?

**12** **¿Intercambiamos experiencias? Leedlas en parejas y escribid un consejo para mejorar:**

.......................................................................................................

.......................................................................................................

.......................................................................................................

## VALORAMOS

**13** **¿Cómo lo has hecho?**

- ☹ ☺ He comprendido las experiencias de los demás.
- ☹ ☺ He escrito oraciones de manera ordenada.
- ☹ ☺ He escrito mi experiencia.

### PARA TERMINAR, PIENSA...

✓ ¿Has hecho las actividades ordenadamente?

✓ ¿Has colaborado en el trabajo colectivo?

**¿TE HA GUSTADO?** ☆ ☆ ☆

Paula y su familia se van de puente unos días y dejarán a Bob en casa de Jana. Paula le dará instrucciones para cuidarlo. ¿Jana las entenderá?

# ¿CÓMO DAMOS INSTRUCCIONES?

## ¿Para qué las damos?

# 14

EN ESTE ITINERARIO APRENDEREMOS...

- qué son las instrucciones.
- a dar y seguir unas instrucciones.
- a leer un texto instructivo.

## ESCUCHAMOS Y COMPRENDEMOS UNA CONVERSACIÓN

**1** Escuchad la conversación entre Paula y Jana.

### ¿Por qué Paula quería hablar con Jana?

- ◯ Quería pedirle un favor.
- ◯ Quería ir a la Cueva del Tesoro.
- ◯ Quería escuchar una canción.

### ¿A quién tiene que cuidar Jana?

◯ 

◯ 

◯ 

### ¿Qué tendrá que hacer Jana?

- ◯ Dar de comer a Bob.
- ◯ Cambiar el agua de la pecera.
- ◯ Sacarlo a pasear.

### Jana necesita instrucciones para...

- ◯ Recordar el nombre del pez.
- ◯ Saber cómo tapar la pecera por la noche.
- ◯ Saber cómo cambiar el agua de la pecera.

**2** ¿Qué pasos seguirá Jana para cambiar el agua de la pecera? Explicadlos en voz alta:

- ¿Qué pasa si no se sigue este orden? ..............................................

..............................................................................................

**3** Ahora, por escrito, completad los pasos y ordenadlos.

PRIMERO | DESPUÉS | A CONTINUACIÓN | PARA TERMINAR

☐ .............................................., llena de agua la pecera, con la mitad de destilada y la otra del grifo.

☐ .............................................., pon a Bob en un recipiente con la misma agua de la pecera.

☐ Y .............................................., vuelve a meter a Bob en la pecera.

☐ .............................................., vacía el agua de la pecera y limpia el cristal, sin jabón.

Las INSTRUCCIONES sirven para saber cómo se hace o cómo funciona algo. Los pasos de las instrucciones siguen un orden.

## IDENTIFICAMOS INSTRUCCIONES

**4** **Escribid y dibujad. Se necesitan instrucciones cuando...**

montamos un juguete.

VOY A HACER UN REGALO A PAULA: ¡SU PEZ EN PAPEL!
HE ENCONTRADO UNAS INSTRUCCIONES...

## ENTENDEMOS INSTRUCCIONES

**5** **Observad las instrucciones que muestran cómo hacer un pez de papel.**

- ¿Cómo daríais las instrucciones a un amigo o amiga?

**6** **Ahora, pega los pasos y haz tu pez.**

| | | |
|---|---|---|
| 1 Marca la diagonal y las dos mitades. | | |
| 2 Después, entra los dos lados creando un triángulo. | | |
| 3 A continuación, dobla hacia el centro las dos puntas del triángulo. | | |
| 4 Luego, gíralo y decóralo. | | |

## DAMOS INSTRUCCIONES

**7** **Dibuja un pez (A) y piensa qué instrucciones darás a tu compañero (B) para que dibuje un pez como el tuyo.**

**Ahora, dibuja el pez (B) siguiendo las instrucciones que te ha dado tu compañero.**

A

B

- Comparad los dibujos. ¿Se parecen?

## VALORAMOS

**8** **¿Qué has aprendido?**

- Ahora ya sé para qué sirven las instrucciones.
- He seguido en orden unas instrucciones.
- He sabido dar instrucciones a los demás.

### PARA TERMINAR, PIENSA...

✓ ¿Qué te cuesta más, seguir instrucciones o darlas? ¿Por qué?

**¿TE HA GUSTADO?**

- ¿Por qué Jana y Biel se parecen a la cigarra y la hormiga de la fábula?
- ¿Cómo podemos saber quién es quién?

# ¿QUÉ OCURRE EN ESTA FÁBULA?

15

## ¿Qué aprenderemos con *La cigarra y la hormiga*?

**EN ESTE ITINERARIO APRENDEREMOS...**

- a leer y comprender una fábula.
- a reconocer y escribir palabras con *ñ*.

¿QUIÉNES SON LOS PROTAGONISTAS DE LA FÁBULA?

## LA CIGARRA Y LA HORMIGA

**Fábula de Esopo (adaptación)**

Cada mañana la pequeña hormiga se encontraba con la cigarra de grandes ojos. Era un verano muy caluroso y la cigarra no paraba de cantar.

La hormiga, en cambio, no paraba de trabajar: recogía semillas para guardarlas... iba y venía sin parar.

La cigarra, cada día, se reía de la hormiga, la señalaba con el dedo y le decía, cantando:

—Señorita... ¿Por qué te cansas tanto? Con este calor, deberías sentarte a la sombra y cantar conmigo.

La hormiga le contestaba:

—No va a hacer calor todo el año, cigarra. Piénsalo.

—¡Ja, ja, ja! —La cigarra no podía parar de reír—. ¡Qué poco lista eres!

Y así, día tras día, la cigarra se reía de la hormiga.

Pasó el verano y llegó el otoño. Y después, vino el frío. La hormiga estaba en su nido cuando, por sorpresa, llamaron a la puerta. La hormiga abrió y se encontró a la cigarra envuelta con un pañuelo, tiritando:

—¿Qué te pasa, cigarra? —preguntó la hormiga.

*¿Qué significa me prestas?*

—Doña hormiga, a ti te sobra comida... ¿Me prestas algo para comer?

—¡Ni en sueños! Si en verano cantabas... baila ahora.

La hormiga cerró la puerta y la cigarra se fue arrepentida por su manera de comportarse.

## COMPRENDEMOS LA FÁBULA

**1 ¿Cómo son las protagonistas de la fábula? Escribid:**

trabajadora • responsable • burlona • perezosa

- La hormiga es .................................... y ....................................
- La cigarra es .................................... y ....................................

**2 ¿Verdad (V) o mentira (M)?**

- ☐ La cigarra tiene unos grandes ojos.
- ☐ La hormiga no para de cantar.
- ☐ La cigarra aprendió una lección.

**3** **Contestad las preguntas sobre *La cigarra y la hormiga*. ¿Os habéis puesto de acuerdo?**

- ¿Por qué se ríe la cigarra de la hormiga cada mañana de verano? ........................................

........................................

- ¿Qué contesta la hormiga a la cigarra en invierno? ........................................

........................................

- ¿Qué habríais contestado vosotros a la cigarra en invierno? ¿Por qué? ........................................

........................................

- ¿Qué aprende la cigarra? ........................................

JANA Y BIEL, ¿QUIÉN ES HORMIGA Y QUIÉN CIGARRA?

**4** **Piensa. Ahora que ya conoces la fábula, ¿quién se comporta como la hormiga? ¿Y como la cigarra? Completa.**

- Jana tiene la actitud de ........................................ .
- Biel se parece a la ........................................ de la fábula.

## NOS FIJAMOS EN... LA LETRA Ñ

**5** **Fíjate bien. ¿Qué dibujos contienen el sonido de la ñ en su nombre?**

**¿Los escribes?**

................................................................................

................................................................................

**6** **Ahora, rodea y copia las palabras que contienen ñ.**

- En esta montaña hay un bosque de castaños.
- Irene olvidó su pañuelo en casa de Paula.
- El vecino de Edu es albañil.
- Paula y Edu regalarán una muñeca a Irene.

| ÑA | ÑE | ÑI |
|---|---|---|
| | | |

| ÑO | ÑU |
|---|---|
| | |

Itijuegos / LA LETRA Ñ

## LEEMOS Y COMPRENDEMOS

**7** **Ahora, lee esta situación. ¿Quién sería la cigarra? ¿Y quién la hormiga?**

Jana lleva semanas ahorrando dinero para ir al cine con Paula y Edu. Se ha esforzado y lo ha conseguido. En cambio, Paula se gastó todos sus ahorros comprando un juguete y se reía de Jana por no querer gastar... Pero lo cierto es que mañana Paula no podrá ir al cine con sus amigos...

CIGARRA ____________ HORMIGA ____________

## VALORAMOS

**8** **¿Qué has aprendido?**

- ☹ ☺ He leído y entendido *La cigarra y la hormiga*.
- ☹ ☺ Ahora sé que las fábulas nos dicen cómo actuar.
- ☹ ☺ Reconozco el sonido y la grafia de la letra *ñ*.

### PARA TERMINAR, PIENSA...

✓ ¿Has participado en las actividades en grupo? ¿Cómo?

✓ ¿Qué más te gustaría aprender sobre las fábulas?

**¿TE HA GUSTADO?** ☆ ☆ ☆

¿Viven bien los animales en un zoo? Jana y Edu no se ponen de acuerdo. Paula ha propuesto hacer un debate. ¿Cómo lo harán?

# ¿CÓMO PODEMOS EXPRESAR NUESTRAS OPINIONES?

16

## ¿A favor o en contra?

**EN ESTE ITINERARIO APRENDEREMOS...**

- a participar en un debate.
- a reconocer la importancia de entender el idioma de otro.
- a comprender un texto escrito.

## ESCUCHAMOS Y COMPRENDEMOS

**1** **Escuchad la conversación de la pandilla. ¿De qué hablan?**

........................................................................................................

........................................................................................................

........................................................................................................

**2** **Piensa y contesta. ¿Lo has entendido todo?**

¿Sobre qué quieren hablar?

- ◯ ¿Es bueno que existan los zoos?
- ◯ ¿Los niños y niñas tenemos que ayudar en casa?
- ◯ ¿Necesitamos reciclar?

¿Cómo lo harán? Completa la frase.

UN DEBATE | UNA EXPOSICIÓN

Paula ha propuesto organizar ..............................................................

**3** **¿Verdad (V) o mentira (M)?**

- ☐ Todos están de acuerdo y piensan lo mismo.
- ☐ Van a hacer dos grupos.
- ☐ Tendrán una persona moderadora.
- ☐ Se han organizado en tres grupos.

## DESCUBRIMOS QUÉ ES UN DEBATE

### 4 Paula propone un debate. Pero ¿qué es un debate?

- ¿Quién creéis que está participando en un debate?

- ¿Por qué? ............................................................

............................................................

### 5 Completa el texto con estas palabras:

MODERADOR DEBATE PREGUNTAS OPINIONES PALABRA

Un ............................ es una conversación entre personas que tienen diferentes ............................ sobre un mismo tema. La persona que hace de ............................ controla el turno de ............................ y plantea ............................ para enriquecer el debate.

### 6 Ahora, recuerda la conversación de la pandilla.

- ¿Qué propone el maestro? ............................
- ¿Quién será el moderador? ............................
- ¿Qué tendrá que hacer? ............................

## 7 Observad a Edu y Jana. ¿Qué piensa cada uno? ¿Cómo lo podemos saber?

NOSOTROS YA ESTAMOS PREPARADOS. Y VOSOTROS, ¿QUÉ PENSÁIS?

## PREPARAMOS NUESTRO DEBATE

## 8 Nos organizamos. ¿Qué pasos seguiréis? Ordenadlos.

- ☐ Debatimos.
- ☐ Nos agrupamos según nuestra opinión.
- ☐ Escogemos el tema.
- ☐ Nos informamos sobre el tema.
- ☐ Decidimos quién moderará el debate.

## 9 Ahora, concretad.

- El tema: ZOO, ¿A FAVOR O EN CONTRA?
- ¿Quién será el moderador o moderadora? ........................
- ¿En qué grupo te apuntas? A favor ☐ En contra ☐

## BUSCAMOS ARGUMENTOS

**10 Leed este texto para conocer diferentes opiniones.**

Hay personas que creen que en los zoos los animales no pueden vivir en libertad y sufren. Por ejemplo, en los zoos los pájaros no vuelan libremente y los animales acuáticos no tienen suficiente espacio para nadar.

Estas personas también piensan que para salvar a los animales en peligro de extinción es mejor proteger los lugares donde viven y cuidarlos en libertad, como en las reservas y los parques de animales.

Otras personas, en cambio, piensan que los zoos son instalaciones para estudiar y ayudar a los animales en peligro de extinción y que enseñan a respetar a los animales.

- ¿Qué motivos dan a favor de mantener los zoos? Subrayadlos en verde.
- ¿Y en contra? Subrayadlos en rojo.
- Ahora, escribid vuestra opinión.

## DEBATIMOS Y LO ANALIZAMOS

**11** **Zoo, ¿a favor o en contra? Participad en el debate.**

**¡Recordad!**

Pensad los motivos de la opinión. Respetad las opiniones.

Entended los diferentes puntos de vista.

**12** **Después del debate...**

- ¿Has cambiado de opinión? ◯ Sí ◯ No ◯ Un poco
- ¿Qué piensas ahora del tema? ..........................................................

..........................................................................................

## VALORAMOS

**13** **¿Cómo lo has hecho?**

- ☹ ☺ Sé cómo participar en un debate.
- ☹ ☺ He escuchado a los demás sin interrumpir.
- ☹ ☺ He entendido el contenido del texto.

### PARA TERMINAR, PIENSA...

✓ ¿Te ha costado participar en el debate?

✓ ¿Qué has aprendido haciendo el debate?

✓ ¿Te gustaría hacer más debates?

**¿TE HA GUSTADO?** ☆ ☆ ☆

Edu y Jana buscan información sobre la primavera y han encontrado una poesía. ¿Les servirá?

# ¿QUÉ NOS CUENTAN LAS POESÍAS?

17

## ¿Te gusta leer poesía?

**EN ESTE ITINERARIO APRENDEREMOS...**

- a leer y comprender una poesía.
- quién es Gabriela Mistral.
- que el castellano tiene variantes.
- qué palabras usamos para hacer comparaciones.

# DOÑA PRIMAVERA

**Gabriela Mistral (fragmento)**

¿DE QUÉ NOS HABLA ESTA POESÍA?

Doña Primavera
viste que es primor,
viste en limonero
y en naranjo en flor.

Lleva por sandalias
unas anchas hojas,
y por caravanas
unas fucsias rojas.

Salid a encontrarla
por esos caminos.
¡Va loca de soles
y loca de trinos!

*¿Qué significa fucsias?*

*¿Qué significa trinos?*

## NOS FIJAMOS EN LA POESÍA

**1** ¿Quién ha escrito este poema? Leed la información sobre la autora y completad la ficha.

NOMBRE ..............................................

DATOS PERSONALES ..............................................

..............................................

..............................................

OBRAS ..............................................

..............................................

## 2 ¿Qué sabes de esta poesía?

- El título es ..........
- ¿Con qué fotografía relacionas el título?

## COMPRENDEMOS LA POESÍA

## 3 Fíjate en el dibujo que acompaña a la poesía. ¿Crees que la representa?

..........

..........

## 4 ¿Qué significan estas palabras? Relacionadlas:

| | |
|---|---|
| ES PRIMOR | florido |
| EN FLOR | canto de los pájaros |
| TRINO | bello |

**5** **En el poema sale la palabra caravanas, pero no significa lo mismo que aquí. Relee el poema y completa.**

*caravanas* es una palabra chilena que significa:

- ○ GAFAS
- ○ GUANTES
- ○ PENDIENTES

**6** **Buscad *palabras chilenas* en internet. Con la ayuda de vuestro maestro o maestra, confeccionad una lista.**

**7** **Ahora, pensad:**

- ¿Qué significa «viste como un primor»?
  - ○ Que viste bien.
  - ○ Que viste mal.
  - ○ Que viste de blanco.
- ¿Qué significa «va loca de soles y de trinos»?
  - ○ Que en primavera el Sol calienta y los pájaros ya empiezan a cantar.
  - ○ Que en primavera nunca sale el Sol.
  - ○ Que en invierno, a veces, sale el Sol.

**8** **Memorizad y recitad en voz alta la poesía. ¿Cómo lo habéis hecho?**

**9** Con lo que dice la poesía, ¿podrías hacer esta comparación? ¿Qué puede significar?

viste de blanco, tal como limonero en flor.

..........

..........

**10** Ahora, leed las etiquetas y buscad sus parejas. ¿Qué comparaciones habéis hecho?

- .......... como ..........
- .......... más .......... que ..........
- .......... menos .......... que ..........

**11** Completa las frases.

**como • más... que • menos... que**

- En invierno, se oyen .......... pájaros .......... en primavera.
- Sus pendientes son rojos .......... las cerezas.
- El vestido es .......... blanco .......... la nieve.

Itijuegos / LAS COMPARACIONES

## COMPRENDEMOS Y RESUMIMOS

**12** **¿Qué cuenta la poesía sobre la primavera?**

En primavera, los naranjos y los limoneros empiezan

a ........................................................................, los pájaros

..........................................................................................................

y el Sol ................................................ más que en invierno.

**¿Qué más podemos saber a partir del poema? ¿Qué piensa Gabriela Mistral de la primavera?**

## VALORAMOS

**13** **¿Cómo lo has hecho?**

- He comprendido la poesía de Gabriela Mistral.
- Sé quién es Gabriela Mistral.
- He leído en voz alta la poesía.
- Sé hacer comparaciones.

### PARA TERMINAR, PIENSA...

✓ ¿Has sabido trabajar en grupo?

✓ ¿Te gustaría conocer más poesías de Gabriela Mistral?

¿TE HA GUSTADO?

Ayer, una periodista entrevistó a Edu y Jana. «¿Y si escuchamos las noticias, para saber qué contaron?», propone Irene.

# ¿CÓMO PODEMOS EXPLICAR LO QUE PASA?

18

## ¿Cómo nos informamos?

EN ESTE ITINERARIO APRENDEREMOS...

- a preparar una entrevista.
- a saber dónde encontrar noticias.
- a escribir una noticia.
- a explicar una noticia.

## ESCUCHAMOS Y COMPRENDEMOS LA ENTREVISTA

**1** **Escuchad la entrevista que la periodista hizo a Edu y Jana.**

- ¿En qué medio de comunicación trabaja María?

**2** **¿Lo has entendido?**

¿Sobre qué tema les ha preguntado?

◯ La celebración de una carrera de montaña.

◯ La organización de una campaña solidaria de recogida de alimentos.

◯ Las inundaciones provocadas por las fuertes lluvias.

¿Cuál es la noticia?

- La .................................................. ha sido un ....................... .

¿Cuándo ocurrió?

◯ Ayer ◯ Hoy ◯ Mañana

¿Dónde?

..............................................................................................

## NOS INFORMAMOS Y LEEMOS LA NOTICIA

**3** **Observa las imágenes. ¿Dónde puedes leer las noticias?**

- ¿Y oírlas? ..........................................

..........................................................

PERO ¿CÓMO ACABÓ LA CAMPAÑA? ¿LO LEEMOS?

**4** **Leed la noticia para saber cómo acabó la campaña.**

### UNA GRAN CAMPAÑA

Ayer terminó la campaña de recogida de alimentos que se ha llevado a cabo durante dos días en nuestra ciudad. Gracias a la participación de todo el barrio, este año, el colegio Atzavara ha conseguido alimentos para más de 100 familias.

**5** **Marca en el texto la información que corresponde a:**

¿dónde? ¿cuándo? ¿qué?

EDU Y JANA NO CONTARON QUÉ PASÓ CON UNA DE LAS CAJAS. ¿CÓMO LO PODEMOS SABER?

## IMAGINAMOS Y PREPARAMOS UNA ENTREVISTA

### 6 Observad esta fotografía e imaginad.

- ¿Qué hace un gato en una de las cajas? ¿Qué puede haber pasado? ..............................

..............................

..............................

..............................

### 7 Para saber qué ocurrió...

- ¿A quién podríamos preguntar?

◯ Al conductor del camión. ◯ A la directora.

◯ A los niños. ◯ ..............................

- ¿Y qué podemos preguntar?

◯ ¿Cuándo ocurrió? ◯ ¿Cómo iba vestido?

◯ ¿En qué lugar ocurrió? ◯ ¿Qué había comido?

◯ ¿Qué pasó? ◯ ..............................

- Otros detalles: ..............................

..............................

## EXPLICAMOS Y ESCRIBIMOS LO QUE HA PASADO

**8** Practicamos. Representad una entrevista como si fuerais periodista y entrevistado. ¿Quién es quién?

¿Cómo lo habéis hecho?

**9** Y ahora, ¿cómo lo explicarías por escrito? ¿Podría ser noticia?

**10** Completa el texto y comprueba.

dónde • cuándo • qué

Cuando contamos algo que nos ha ocurrido, debemos decir ................ ha ocurrido, ................ ha tenido lugar y ................ ha pasado.

- ¿Has seguido estos pasos en tu escrito? ◯ Sí ◯ No

## EXPLICAMOS UNA NOTICIA

**11** **Escoged una de las fotografías e inventad una noticia para contar a los demás.**

Podéis grabaros y repasar después cómo lo habéis hecho.

## VALORAMOS

**12** **¿Qué has aprendido?**

- He escuchado la entrevista y la he comprendido.
- Sé preparar una entrevista y contar una noticia.
- He entendido un texto escrito.

### PARA TERMINAR, PIENSA...

✓ ¿Te han ayudado tus compañeros y compañeras en las actividades? ¿Cómo?

✓ ¿Qué más te gustaría saber?

¿TE HA GUSTADO?

# ¿CÓMO DESCRIBIRÍAS ESTE PAISAJE?

19

## ¿Alguna vez has visto un paisaje así?

**EN ESTE ITINERARIO APRENDEREMOS...**

- cómo es la descripción de un paisaje.
- a describir un paisaje.
- a identificar y escribir palabras con *h*.

## LEEMOS UNA DESCRIPCIÓN

**1** **Lee el texto que ha escrito Paula. ¿Qué vieron Irene y ella?**

El sábado, Irene y yo íbamos en bici juntas y, de repente, nos topamos con un paisaje nevado. ¡Nevado! ¿Cómo era posible si estábamos a 20 grados? El paisaje era invernal. A lo lejos, se veía el precioso monte Nevado. Al pie del monte, también lejos, un prado con algunos caballos. En segundo plano, una granja, con una chimenea que no paraba de echar humo, y algunas vacas paciendo.

*¿Qué significa al pie?*

*¿Qué significa paciendo?*

En primer plano, cerca de nosotras, una granjera envuelta en una bufanda gigante hablaba con cariño a sus gallinas y a sus conejos. A la derecha, había un carro de madera desgastada cargado con heno para los animales.

Claro que ver un paisaje nevado casi en verano tiene una explicación. ¿Nos vemos y os desvelo el misterio?

**2** **Comentad:**

- ¿Cuál es el misterio?
- ¿Edu y Jana pueden saber lo que pasó con la explicación de Paula? ¿Por qué?
- ¿Qué describe Paula?
- ¿Qué palabras indican dónde están los animales, el carro, etc.? Subrayadlas.

## ANALIZAMOS LA DESCRIPCIÓN

**3** Si os fijáis en la descripción...

¿Qué hay en primer plano?

- ◯ Una granjera.
- ◯ Gallinas y conejos.
- ◯ Caballos.

¿Dónde se sitúa el carro con heno?

- ◯ A la derecha.
- ◯ En primer plano.
- ◯ A la izquierda.

¿Y al fondo, qué ve Paula?

- ◯ El mar.
- ◯ El monte Nevado.
- ◯ Un lago.

¿Qué orden se sigue?

- ◯ Ninguno.
- ◯ De lejos a cerca.
- ◯ De cerca a lejos.

EN LAS DESCRIPCIONES USO PALABRAS COMO «A LO LEJOS», «EN PRIMER PLANO», «A LA DERECHA»...

**4** Según la descripción, ¿dónde están los animales?

5 ¿Qué letra no «suena» en estas palabras? Rodéala.

HENO HABITACIÓN HUESO HUMO AHORA HIERBA

6 Paula ve una gallina y un perro. ¿Qué busca cada uno? Sigue el laberinto y escríbelo.

7 Aquí hay más palabras con H. ¿Las ves? Cuando las encuentres, escríbelas.

| | | | | | | | |
|---|---|---|---|---|---|---|---|
| H | E | L | A | D | O | A | S |
| U | S | E | O | P | A | M | C |
| E | A | S | H | I | L | O | I |
| V | I | P | L | T | F | D | A |
| O | E | H | A | D | A | P | T |
| Ñ | N | U | E | H | O | J | A |
| C | O | H | E | T | E | P | V |

ltijuegos / LA LETRA H

## NOS PREPARAMOS PARA ESCRIBIR UNA DESCRIPCIÓN

**8** ¿Qué paisaje te gustaría describir? ¿Por qué?

- Escoge uno y observa todos los detalles.
- Fíjate en lo que ves en primer plano.
- Presta atención a lo que hay en medio.
- Después, pregúntate: ¿qué ves al fondo?

**9** Escribe la descripción del paisaje que has preparado:

..........................................................................................

..........................................................................................

..........................................................................................

..........................................................................................

..........................................................................................

**10** Lee tu descripción a tu pareja. ¿Puede saber a qué foto te refieres? Después, cambiad los papeles.

## ESCRIBIMOS UNA DESCRIPCIÓN

**11** **¿Qué ves cuando miras por la ventana? Descríbelo.**

..........................................................................................

..........................................................................................

..........................................................................................

Recuerda: primer plano, segundo plano, al fondo...

**Lee la descripción a alguien que no sea de tu clase y pídele que dibuje lo que has descrito.**

Pega aquí el dibujo doblado.

## VALORAMOS

**12** **¿Qué has aprendido?**

- ☹ ☺ He preparado la información que necesitaba.
- ☹ ☺ He descrito el paisaje siguiendo un orden.
- ☹ ☺ Sé palabras que se escriben con *h*.

### PARA TERMINAR, PIENSA...

✓ ¿Qué es lo que te ha resultado más difícil? ¿Por qué?

**¿TE HA GUSTADO?** ☆ ☆ ☆

# ENTRÉNATE

COMPETENCIAS ESPECÍFICAS

**¿CUÁNDO TE ENFADAS?** Practica para hablar y escribir mejor a partir de tus emociones.

E

## ESCUCHAMOS

¿Qué le pasa a Paula? Escucha y contesta:

1 **¿Por qué está sola en un banco?**

- ◯ Porque está jugando.
- ◯ Porque se ha enfadado.
- ◯ Porque está triste.

2 **¿Quién está ahora en el parque?**

◯  ◯  ◯ 

3 **¿Qué otra palabra puedes usar para decir enfadada?**

- ◯ Disgustada.
- ◯ Aburrida.
- ◯ Cansada.

4 **¿Cómo demuestra su enfado?**

- ◯ No habla con nadie y pone mala cara.
- ◯ Se pone a llorar.
- ◯ Grita a su amiga.

5 **¿Tiene motivos Paula para enfadarse? ¿Por qué?**

....................................................................................................

....................................................................................................

LEEMOS

Lee y marca las respuestas correctas.

# BEA NO QUIERE SER LA MAYOR

**María Menéndez-Ponte (fragmento)**

Me llamo Bea, no Beatriz. Así solo me llama mi madre cuando se enfada conmigo, por eso no me gusta. Pero mi abuelo me llama Cinco Pecas para hacerme rabiar.

—Abuelo, ¡te he dicho mil veces que me llamo Bea!

—¡Ja, ja, ja! —se ríe él—, esta niña tiene carácter.

—Y si un día me salen más pecas, ¿qué?

—Entonces te llamaré Seis Pecas o Siete Pecas. ¡Ja, ja!

Por eso me las cuento todas las mañanas. Porque no me gusta que me estén cambiando el nombre.

Tampoco me gusta que la gente diga que Guille y yo no parecemos hermanos. ¡Grrr!

—Pues lo somos —respondo, muy seria—. ¡Con eso no se bromea!

En cambio, a Guille le da igual y les sonríe. Entonces siento que me ha traicionado. En ese momento me gustaría que no fuera mi hermano.

En verdad hay muchos momentos así.

Cuando me rompe algún juguete. Cuando me chincha. Cuando me la cargo por su culpa...

**6** Bea explica...

- ◯ las cosas que más le gustan.
- ◯ qué es lo que la hace enfadar.

**7** ¿Qué significa «hacer rabiar»?

- ◯ Enfadar.
- ◯ Reír.

**8** ¿Qué hace rabiar a Bea?

- ◯ Que la llamen Bea.
- ◯ Que le cambien el nombre.

**9** ¿Qué otra palabra usarías para decir que la «chincha»?

- ◯ Molesta.
- ◯ Sonríe.

## ESCRIBIMOS

**¿Y tú, cuándo te enfadas? ¿Qué es lo que te disgusta? Escríbelo y explica el porqué.**

«En abril, aguas mil». «El que la sigue, la consigue». «Quien tiene un amigo...» ¿Cómo termina el refrán que ha recordado Paula después de hacer las paces con Edu?

# Y TÚ, ¿QUÉ REFRANES CONOCES?

21

## ¿Sabes cuándo utilizarlos?

EN ESTE ITINERARIO APRENDEREMOS...

- el significado de algunos refranes.
- a reconocer refranes.
- a observar que todas las lenguas tienen refranes.

## ESCUCHAMOS Y COMPRENDEMOS

**1** **Escuchad la conversación y contestad: ¿Qué les ocurre a Edu y Paula?**

¿A qué juegan?

◯ Futbol ◯ Tenis ◯ Básquet

¿Cómo empieza todo? ¿Y cómo acaba? Ordenad las frases.

☐ Paula encuentra a Edu en el parque y lo ayuda.
☐ Edu se va solo a casa.
☐ Por el camino, Edu se cae y se hace daño.
☐ Paula no pasa la pelota a Edu y Edu se enfada.

¿Por qué se enfada Edu?

............................................................

## NOS FIJAMOS EN LOS REFRANES

**2** **Ahora, recuerda la conversación. ¿Quién cita diferentes refranes?**

## 3 Completa estos refranes. ¿Cuáles aparecen en la conversación?

- ◯ El que la sigue, la
- ◯ En abril, aguas
- ◯ Quien tiene un ________, tiene un tesoro.
- ◯ El que tiene boca, se

- ¿Con cuál acaba la historia?

EL ENTRENADOR CONOCE MUCHOS REFRANES Y SABE CUÁNDO UTILIZARLOS.

## 4 Ahora, relacionad estos refranes con la situación en que se podrían utilizar:

1. Quien tiene un amigo, tiene un tesoro.
2. El que la sigue, la consigue.

**5** ¿Qué significa el refrán *El que tiene boca se equivoca*? ¿En qué momento lo podríais usar?

..........................................................................................

..........................................................................................

..........................................................................................

## LEEMOS REFRANES EN DIFERENTES LENGUAS

**6** Rodea del mismo color los refranes que significan lo mismo.

Llueve a cántaros

Plou a bots i barrals

It's raining cats and dogs

Els testos s'assemblen a les olles

De tal palo tal astilla

**Ahora, relaciona los dos refranes con su significado:**

LLUEVE A CÁNTAROS

DE TAL PALO TAL ASTILLA

- Los hijos y las hijas se parecen a los padres y madres.
- Llueve muchísimo.

## REFLEXIONAMOS SOBRE LOS REFRANES

**7** **Completad estos refranes y escribid dos más.**

LOS REFRANES SON CONOCIDOS POR MUCHA GENTE.

No dejes para mañana

Más vale maña que

Cada oveja,

**8** **Ahora, completad la escena con el refrán adecuado.**

## CREAMOS NUESTRO REFRANERO

**9** **Recoged todos los refranes trabajados y completad la tabla.**

Puedes grabarte en video diciendo un refrán y explicando su significado.

**10** **¿Verdad (V) o mentira (M)?**

- ☐ Podemos usar los refranes para explicar lo que pasa.
- ☐ Los refranes son poemas.
- ☐ Los refranes no tienen significado.
- ☐ Todas las lenguas tienen sus refranes.

## VALORAMOS

**11** **¿Qué has aprendido?**

- ◯ He leído y comprendido el significado de refranes.
- ◯ Sé que los refranes son dichos que conoce mucha gente.
- ◯ He descubierto que todas las lenguas tienen refranes.

### PARA TERMINAR, PIENSA...

✓ ¿Qué más te gustaría saber sobre los refranes?

✓ ¿Has colaborado con tus compañeros a buscar otros refranes?

¿TE HA GUSTADO? ☆ ☆ ☆

Este fin de semana Irene ha conocido a un pastor. Le ha acompañado, ha charlado con él... ¡Le ha gustado tanto que ahora solo quiere leer historias de pastores!

# ¿QUÉ CUENTA LA HISTORIA DEL PASTOR Y EL LOBO?

## ¿Qué nos enseña?

22

**EN ESTE ITINERARIO APRENDEREMOS...**

- a leer y comprender una historia.
- a inventar un diálogo entre dos personajes.
- a usar los signos de puntuación.

¿SABÉIS QUÉ LE PASA A UN PASTOR CUANDO SE ENCUENTRA CON UN LOBO?

# EL PASTOR Y EL LOBO

**Fábula de Esopo (adaptación)**

Érase una vez un pastor que estaba con su rebaño en una colina. Las ovejas pastaban y él estaba muy aburrido. Pensó: «Voy a divertirme». Y empezó a gritar:

—¡El lobo! ¡Que viene el lobo! ¡Socorroooo!

Gritó con todas sus fuerzas, y en el pueblo lo oyeron. Así que subieron los aldeanos con palos para ayudarlo. Pero cuando llegaron a la colina, vieron que el rebaño pastaba tranquilo, y que el pastor se reía a carcajadas.

—¿Por qué nos has engañado? ¡Nos has asustado y hemos venido corriendo a ayudarte!

—Me aburría... ¡ja, ja, ja! ¡Qué divertido veros las caras!

—Pues no tiene ninguna gracia.

*¿Qué significa aldeano?*

Y los aldeanos se marcharon.

Aquella misma tarde, un lobo fiero se acercó al rebaño y atacó a las ovejas.

—¡El lobo! ¡Que viene el lobo! ¡Socorroooo!

¿Qué significa desolado?

El pastor gritó con todas sus fuerzas. Pero no subió nadie a ayudarlo. Desolado, el pastor se quedó sin rebaño. Cuando bajó al pueblo, preguntó a los habitantes:

—¿Por qué no me habéis ayudado esta tarde? Ha venido el lobo y me ha dejado sin ovejas.

A lo que los aldeanos contestaron:

—A un mentiroso, aunque diga la verdad, nadie le creerá.

## COMPRENDEMOS LA FÁBULA

**1 ¿Qué frases son verdad? Marcadlas:**

- ◯ Los aldeanos no ayudaban nunca al pastor.
- ◯ Los aldeanos no creyeron al pastor y el lobo se comió sus ovejas.
- ◯ El pastor gritaba: «¡Que viene el lobo!».
- ◯ El pastor se reía de los que le habían creído.
- ◯ Cuando el pastor se rio de los aldeanos, estos se enfadaron.

**2 ¿A los aldeanos les hizo gracia la broma? ¿Es divertido reírse de la gente? ¿Por qué?**

Contad en el grupo alguna historia sobre una situación en la que alguien se haya reído de otra persona.

**3** Copia la primera intervención del pastor en la lectura.

...............................................................................

- ¿Qué signo indica que habla el personaje? ....................
- ¿Qué otros signos de puntuación hay? ¿Qué indican? ..........

...............................................................................

**4** Lee los adhesivos y pon cada frase en su lugar.

**5** Relaciona:

| | |
|---|---|
| ¡Qué divertido! • | PREGUNTA |
| ¿Dónde está el lobo? • | NIEGA |
| No tiene gracia. • | AFIRMA |
| Os lo habéis creído. • | EXCLAMA |

## 6 ¿Te has fijado bien en las oraciones? A ver si sabes qué signo falta en cada espacio:

¿ ?   ¡ !   .

**TIPO DE FRASES**

| ENUNCIATIVAS | INTERROGATIVAS | EXCLAMATIVAS |
| --- | --- | --- |
| informan de un hecho, de una idea... | preguntan sobre algo | expresan alegría, sorpresa o miedo |
| | | |

## 7 Inventad y escribid una oración usando estos signos:

¿ ? ..............................................................

¡ ! ..............................................................

. ..............................................................

Itijuegos / LOS SIGNOS DE PUNTUACIÓN

## IDENTIFICAMOS LOS DIÁLOGOS

## 8 ¿Quién habla? Marcadlo en la lectura.

PASTOR

ALDEANOS

## ESCRIBIMOS UN DIÁLOGO

**9** **¿De qué hablaron los aldeanos antes de decidir que no subían a ayudar al pastor? Inventad el diálogo.**

**10** **Escribe el diálogo que habéis inventado en tu grupo:**

## VALORAMOS

**11** **¿Cómo lo has hecho?** 

- Entiendo lo que leo.
- Escribo los signos ¡! y ¿? cuando hace falta.
- Soy capaz de inventar un diálogo.

### PARA TERMINAR, PIENSA...

✓ En tu opinión, ¿qué actividad de este itinerario ha sido la más fácil? ¿Por qué?

¿TE HA GUSTADO?

# ¿POR QUÉ HAY QUE SEGUIR LAS RECETAS?

23

## ¿Cómo se escriben?

**EN ESTE ITINERARIO APRENDEREMOS...**

- a comprender una receta de cocina.
- a escribir una receta de cocina.
- a escribir palabras con *br* y *bl*.
- a identificar familias de palabras.

## COMPRENDEMOS LA SITUACIÓN

### 1 Comentad y contestad:

- ¿Por qué creéis que no les han salido bien el pastel a Edu y Jana?
- ¿Qué les diríais para ayudarlos?
- ¿Para qué les serviría seguir la receta?
- ¿Cuándo es útil seguir unas instrucciones?

Hay textos que dan instrucciones sobre cómo hacer algo; por ejemplo, una comida, montar un mueble, elaborar un perfume, jugar a un juego, etc. Son los textos **instructivos**.

## ANALIZAMOS INSTRUCCIONES

### 2 Numerad los pasos para hacer un pastel:

- [ ] Mete la masa en el horno durante el tiempo y a la temperatura que pone en la receta.
- [ ] Mezcla los ingredientes y amasa.
- [ ] Vierte la masa en el molde.
- [ ] Prepara los ingredientes según la receta.

## SEGUIMOS INSTRUCCIONES

**3 ¿Sabes seguir unas instrucciones? Compruébalo:**

1. Dibuja una cuchara encima del azúcar.
2. Dibuja otra galleta con forma de estrella a la izquierda de la galleta redonda.
3. Dibuja una tableta de chocolate debajo de la galleta redonda.
4. Dibuja dos huevos al lado del azúcar.

YO LO TENGO IGUAL QUE JANA. ¿Y TÚ, CÓMO LO TIENES?

## NOS FIJAMOS EN... LAS FAMILIAS DE PALABRAS

**4 A Edu y Jana les gusta cocinar. ¿Qué crees que podrían ser de mayores? Rodea.**

| | | | |
|---|---|---|---|
| obrero | cocinero | panadera | pastelera |
| pinche | lavaplatos | publicista | fabricante |
| librera | frutero | verdulera | bibliotecario |

**5** Tachad la palabra intrusa de cada fila y comentad el motivo.

cocinera • cocina • cocinar • cola • cocido

obrero • obra • obrar • abrir • obraje

publicista • poblar • publicitario • publicidad • publicar

librera • librería • libre • libro • libreta

- ¿Qué tienen en común las palabras de cada fila? ..............................

Una **familia de palabras** es el grupo de palabras que tienen una parte o raíz en común porque provienen de una misma palabra primitiva. Además, tienen significados relacionados.

## NOS FIJAMOS EN... LOS DÍGRAFOS BR Y BL

**6** Escribe tres palabras de la actividad anterior con **br** y otras tres con **bl**:

| BR | BL |
| --- | --- |
| | |

ltijuegos / LOS DÍGRAFOS BR Y BL

PREPARAMOS UNA RECETA

**7** **Completa las instrucciones para hacer una broqueta de fruta.**

## BROQUETAS DE FRUTA

### INGREDIENTES

- 2 fresas
- 1 mandarina
- 1 plátano
- 1 kiwi

### PREPARACIÓN

1. .................................................. las frutas.
2. .................................................. las frutas a dados pequeños.
3. .................................................. cada trocito de fruta con la broqueta. ¡Con cuidado!

¡Recuerda! Puedes hacer broquetas con una sola fruta o más de una.

**8** **Intercambiad la actividad con un compañero o compañera y corregid las respuestas.**

- ¿Qué pasa si no se sigue el orden de la preparación?

## ESCRIBIMOS UNA RECETA

**9** **Escribe las instrucciones para hacer una pizza:**

**INGREDIENTES:** ..........................................

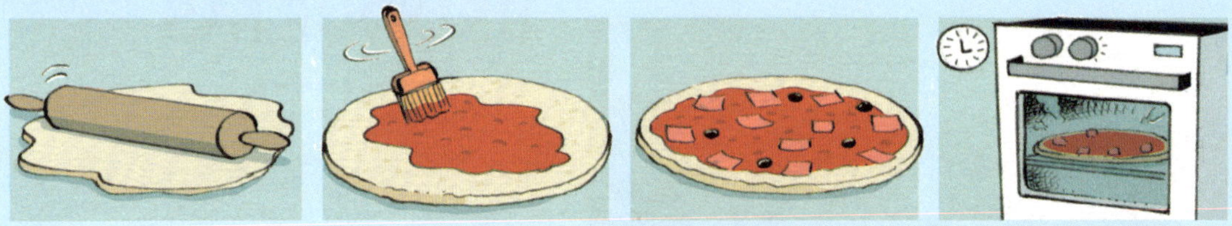

1 ..........................................

2 ..........................................

3 ..........................................

4 ..........................................

## VALORAMOS

**10** **¿Qué has aprendido?**

- Comprendo las instrucciones.
- Escribo recetas.
- Reconozco palabras con *br* y *bl*.
- Sé formar familias de palabras.

### PARA TERMINAR, PIENSA...

✓ ¿Has hecho las actividades individuales sin ayuda? ¿Qué más quieres aprender?

**¿TE HA GUSTADO?**

Hoy, las familias han ido a pasar el día a la playa y comen en un restaurante. Ha llegado la hora de pedir los postres. ¡Qué difícil es escoger!

# ¿SABES PEDIR EN UN RESTAURANTE?

24

## ¿Lo haces con educación?

**EN ESTE ITINERARIO APRENDEREMOS...**

- a hablar con educación.
- qué palabras debemos utilizar para ser amables.
- que todas las lenguas tienen palabras amables.

## COMPRENDEMOS LA SITUACIÓN

1 Imaginad que vais a comer en un restaurante. ¿Cómo pediréis los postres?

2 Lee los adhesivos y pon cada frase en su lugar. ¿Qué dice cada uno?

¿Creéis que piden las cosas con educación? ¿Por qué?

3 Reordena las letras y escribe las palabras que utilizan Irene y Jana para hablar con educación:

PRDONEE

GARSACI

PRO FROVA

**4** **Ahora, recordad cómo habéis pedido los postres en la primera actividad. ¿Habéis usado alguna de las palabras adecuadas?**

SÍ NO

- ¿Cuáles? ..........

## COMPRENDEMOS UNA CONVERSACIÓN

**5** **Escuchad la conversación que tienen Irene y su abuela y contestad:**

¿Por qué vuelven juntas, Irene y su abuela?

- ◯ Se han encontrado a la salida del cole.
- ◯ La abuela ha ido al cole a celebrar el día de los abuelos.
- ◯ La abuela ha ido al cole a buscar a Irene.
- ◯ La abuela va a merendar con Irene cada día.

¿Cómo vuelven?

◯ A pie. ◯ En metro. ◯ En autobús.

¿Con quién hablan en el trayecto? ¿Con quién hablan primero?

..........

..........

..........

**6** **Comentad si las conversaciones que habéis escuchado son de personas amables. ¿Por qué?**

- ¿Qué dice cada uno? Completad las frases.
  - ................................................., señora, ¿quiere sentarse?
  - Sí, ................................................. por levantarte.
- ¿Decir «gracias» es suficiente para ser amable? SÍ NO
- ¿En qué momentos de la conversación se muestra amabilidad? ¿Verdad (V) o mentira (M)?

☐ Cuando Irene y su abuela ayudan al turista.

☐ Cuando Irene propone ir en bus.

☐ Cuando Irene da la mano a su abuela.

## NOS FIJAMOS EN OTRAS LENGUAS

**7** **Recuerda las palabras que utiliza el turista. ¿Qué significan?**

THANKS PERDÓN

EXCUSE ME GRACIAS

SORRY DISCULPE

**8** ¿En qué otros idiomas sabes dar las gracias o pedir perdón? Escribe la lista:

## PRACTICAMOS

**9** **Observad y escoged una de estas dos situaciones. Imaginad de qué hablan estas personas y representad la conversación.**

Recordad. Utilizad palabras como estas:

PERDONE | DISCULPE | POR FAVOR | GRACIAS

## HABLAMOS CON EDUCACIÓN

**10** **Antes de llegar a casa, Irene y su abuela deciden ir a merendar. ¿Cómo podría continuar la conversación ahora con el señor Herminio?**

- ¿Cómo deberían pedir lo que quieren al camarero?

**11** **Imagina que estás en una cafetería y que han dejado la puerta de la calle abierta. ¿Cómo pedirías al camarero que la cierre?**

..............................................................................................................

..............................................................................................................

Puedes grabarte en vídeo.

## VALORAMOS

**12** **¿Qué has aprendido?** 

- ◯ Cómo hablar con educación.
- ◯ Que todas las lenguas tienen palabras amables.
- ◯ A hablar con otras personas de forma respetuosa.

### PARA TERMINAR, PIENSA...

- ✓ ¿Has sido amable en las conversaciones de grupo?
- ✓ ¿Has trabajado sin ayuda?

**¿TE HA GUSTADO?** ☆ ☆ ☆

# ¿QUÉ SABES DE LAS NANAS?

25

## ¿Se cantan? ¿Pueden leerse?

**EN ESTE ITINERARIO APRENDEREMOS...**

- para qué sirven las nanas y lo que cuentan.
- a leer, recitar o cantar una nana.
- quién es Adriano del Valle.
- a identificar palabras polisémicas.

¡POBRE BET! PAPÁ NO TIENE MUCHO ARTE, PERO LA NANA ES MUY DULCE. ¿QUERÉIS LEERLA?

# CANCIÓN DE CUNA DE LOS ELEFANTES

**Adriano del Valle**

El elefante lloraba
porque no quería dormir...
—¡Duerme, elefantito mío,
que la luna te va a oír!...

Papá elefante está cerca,
se oye en el manglar mugir;
duerme, elefantito mío,
que la luna te va a oír...

*¿Qué significa manglar?*

El elefante lloraba
(¡con un aire de infeliz!)
y alzaba su trompa al viento...
Parecía que en la luna
se limpiaba la nariz.

## COMPRENDEMOS LA NANA

**1 Completa.**

- Una canción de cuna es...

◯ un poema. ◯ un cuento. ◯ una nana.

- Una canción de cuna sirve para ..............................................

..............................................................................................................

**2** ¿Cuál es el título? ¿Y el autor? Píntalos.

| | |
|---|---|
| Poema la luna de los elegantes | Antonio del Val |
| Adriano del Valle | Canción de cuna de los elefantes |

**3** Leed la información sobre el poeta y contestad si es verdad (V) o mentira (M) que...

- ☐ el poeta nació en Sevilla.
- ☐ empezó a escribir muy joven.
- ☐ fundó y dirigió algunas revistas.
- ☐ ganó el Premio Nobel de literatura.

**4** Marca las respuestas correctas:

**¿Por qué lloraba el elefantito?**

- ○ No quería salir.
- ○ No quería dormir.

**¿Quién está cerca del elefantito?**

- ○ La mamá.
- ○ El papá.

**¿Qué hacía el elefantito?**

- ○ Levantaba la trompa.
- ○ Escondía la trompa.

**¿Cuándo pasaba?**

- ○ De noche.
- ○ De día.

**5** Fíjate ahora en estas palabras de la nana y relaciona:

LUNA

TROMPA

- ¿Cada palabra tiene más de un significado? SÍ NO

Las palabras que tienen más de un significado se llaman **POLISÉMICAS**.

**6** A ver si puedes dibujar dos significados de **cometa**.

- ¿Es una palabra polisémica? ..........

**7** ¿Qué otras palabras polisémicas se os ocurren?

..........

Itijuegos / LAS PALABRAS POLISÉMICAS

LEEMOS UNA NANA EN VOZ ALTA

**8** **Las nanas se cantan, pero también pueden leerse. Preparad la lectura de una nana en grupo.**

## Para preparar la lectura...

1. La leemos y comprendemos.
2. Repartimos la lectura: ¿qué verso leerá cada uno?
3. Practicamos los versos que nos han tocado. Atención al tono adecuado a una nana: suave, tranquilo, lento...
4. ¿Cómo nos pondremos para leerlo? ¿En fila? ¿De pie?
5. Practicad todos juntos.
6. ¡Listos para leer la nana!

**9** **Valorad en grupo las lecturas de los demás. ¿Cómo han valorado la tuya?**

| | ☹ | ☺ |
|---|---|---|
| Postura / posición | | |
| Entonación | | |
| Volumen | | |
| Pausas | | |

## LEEMOS Y COMPRENDEMOS UNA NANA

**10** **¡Coge los colores! Subraya los versos.**

Quien canta quiere mucho a su bebé.

El bebé no puede dormir. Lo que quiere el niño.

ARRORRÓ

Arrorró mi niño, arrorró mi sol,
arrorró pedazo de mi corazón.
Este niño lindo se quiere dormir
y el pícaro sueño no quiere venir.

- ¿Para qué le canta la nana? ..................................................

..................................................

## VALORAMOS

**11** **¿Qué has aprendido?**

- ◯ Comprendo el significado de las nanas que leo.
- ◯ Ahora ya sé quién es Adriano del Valle.
- ◯ He aprendido a reconocer palabras polisémicas.

### PARA TERMINAR, PIENSA...

✓ ¿Ha cambiado tu manera de recitar las nanas?

✓ ¿Cómo has trabajado en el grupo?

**¿TE HA GUSTADO?** ☆ ☆ ☆

# ¿QUÉ ES UN DIARIO SECRETO?

26

## ¿Tú qué prefieres, escribir o dibujar lo que te pasa?

**EN ESTE ITINERARIO APRENDEREMOS...**

- a leer vivencias personales.
- a escribir lo que nos pasa.
- a identificar y escribir palabras con *j*.

## LEEMOS Y COMPRENDEMOS UN DIARIO

**1** Irene ha escrito lo que le ha pasado hoy. Leedlo.

CREO QUE ME GUSTA TANTO DIBUJAR COMO ESCRIBIR...

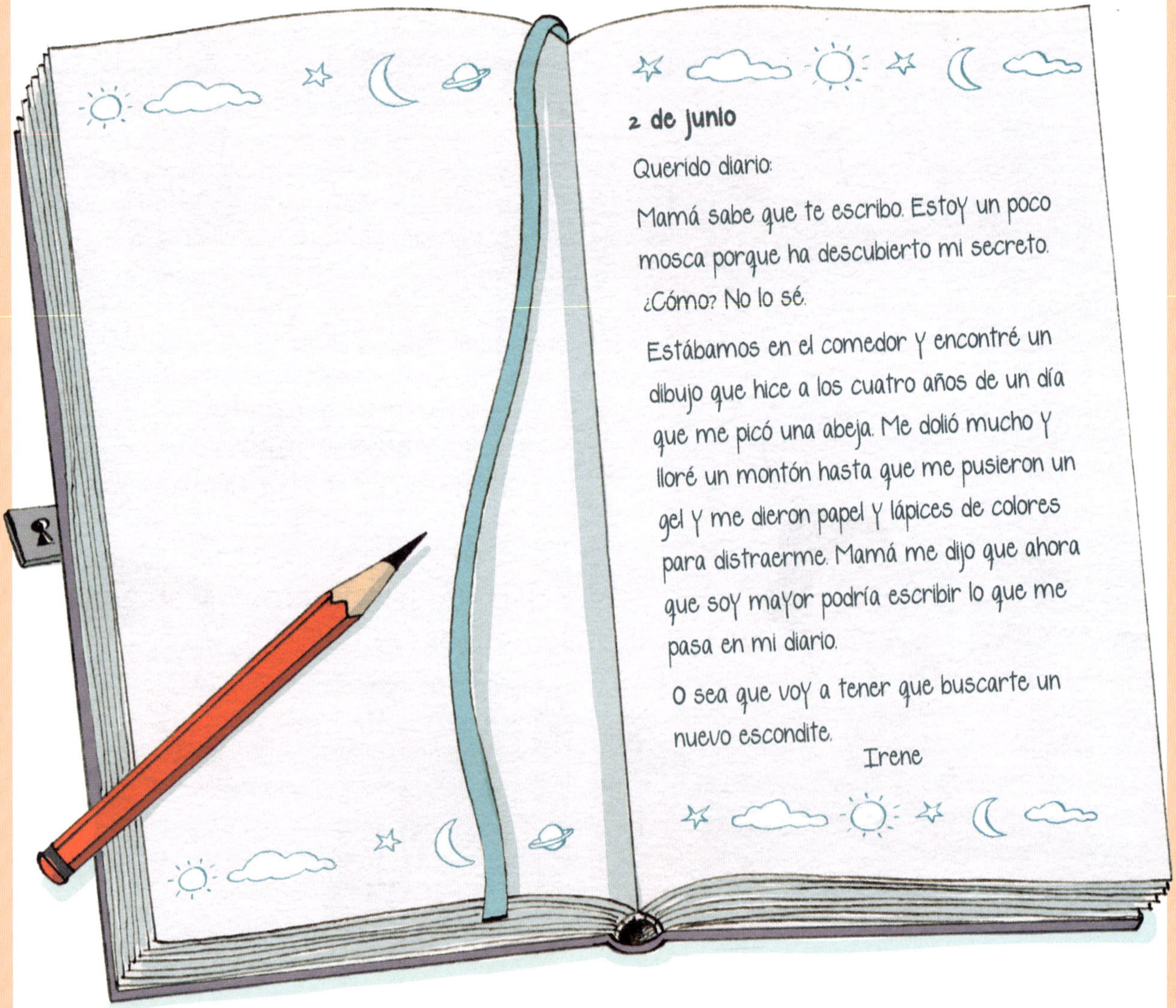

**2 de junio**

Querido diario:

Mamá sabe que te escribo. Estoy un poco mosca porque ha descubierto mi secreto. ¿Cómo? No lo sé.

Estábamos en el comedor y encontré un dibujo que hice a los cuatro años de un día que me picó una abeja. Me dolió mucho y lloré un montón hasta que me pusieron un gel y me dieron papel y lápices de colores para distraerme. Mamá me dijo que ahora que soy mayor podría escribir lo que me pasa en mi diario.

O sea que voy a tener que buscarte un nuevo escondite.

Irene

**2** ¿Verdad (V) o mentira (M)?

- ☐ Es una página de un diario personal.
- ☐ Es una noticia sobre las abejas.
- ☐ Cuenta algo que ha vivido quien escribe.
- ☐ Cuenta cómo la madre ha descubierto el diario.

**3** Poneos de acuerdo para contestar.

- ¿Por qué creéis que es un diario «secreto»? ..........
- ¿Por qué Irene quiere esconder mejor el diario? ..........

## ANALIZAMOS UN DIARIO

**4** Completa:

- Irene escribe su diario el día ..........
- Diario significa ..........
- Sabemos que lo escribe ella porque ..........
- Irene cuenta lo que le pasa y también cómo se siente porque dice ..........

## NOS FIJAMOS EN... LA LETRA J

**5** Irene ha escrito dibujo y abeja. Las dos tienen j.

- ¿Qué otras palabras con j hay en cada uno de estos revoltillos?

| TI | RAS | JE |
|---|---|---|

| NE | JO | CO |
|---|---|---|

| FA | JI | RA |
|---|---|---|

| TE | GUE | JU |
|---|---|---|

**6** La madre de Irene también tiene un diario. Leed lo que ha escrito y subrayad todas las palabras con j.

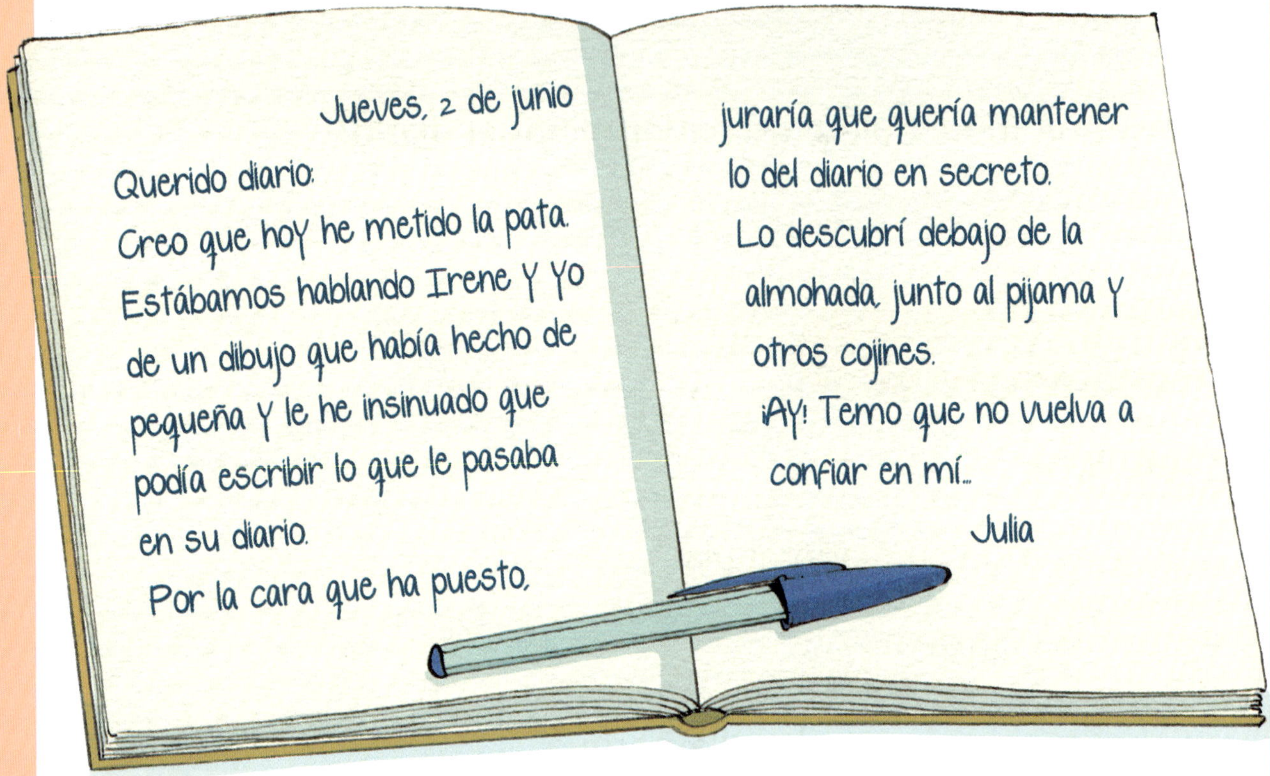


Itijuegos / LA LETRA J

## NOS PREPARAMOS Y ESCRIBIMOS UN DIARIO

**7** Seguro que cada día te pasan un montón de cosas, ¿cierto? Escribe algunas que recuerdes:

☐ ..........................................................................

☐ ..........................................................................

☐ ..........................................................................

☐ ..........................................................................

Marca la que quieres contar a los demás.

## 8 Explica tu vivencia.

Pon la fecha

Cuenta qué pasó

Explica cómo te sentiste

Di qué consecuencia tuvo

No olvides firmar este día

## COMPARTIMOS NUESTRAS VIVENCIAS

## 9 Intercambiad los textos y leedlos. Valorad el de un compañero o compañera en su libro.

**Fijaos en:**

| |  |  |
|---|---|---|
| La ortografía y la letra. | | |
| Los elementos descritos. | | |
| La presentación. | | |

¿Se entiende? ..........................................................................

Valorada por ..........................................................................

## ESCRIBIMOS OTRA PÁGINA DEL DIARIO

**10** ¿Qué es lo más divertido que te ha pasado últimamente? Escríbelo en forma de diario:

## VALORAMOS

**11** ¿Cómo lo has hecho? 

- ◯ Sé para qué sirve un diario.
- ◯ He comprendido los diarios que he leído.
- ◯ Escribo bien lo que me pasa.
- ◯ Escribo bien las palabras con *j*.

### PARA TERMINAR, PIENSA...

✓ ¿Te lo has pasado bien?

✓ ¿Qué sabes hacer ahora que antes no sabías?

¿TE HA GUSTADO? ☆ ☆ ☆

Hoy, los de segundo han visitado una emisora de radio y… ¡ahora todos quieren ser locutores y locutoras! Pero hablar en público da un poco de vergüenza…

# ¿CÓMO HABLAR BIEN EN PÚBLICO?

27

## ¿Se te dan bien las explicaciones orales?

EN ESTE ITINERARIO APRENDEREMOS…

- a escuchar y comprender explicaciones orales.
- a preparar y hacer una explicación oral sin tener vergüenza.
- que la lengua castellana varía según dónde se habla.

## ESCUCHAMOS Y COMPRENDEMOS UNA EXPLICACIÓN

**1** **La periodista les ha contado cómo es su trabajo en la radio. Escuchad su explicación.**

**2** **A ver si lo habéis entendido...**

- ¿Qué han visitado?
- ¿Quién es Maya?
- ¿De qué es el programa de Maya? ¿Tiene audiencia?
- ¿Cómo prepara su programa?
- ¿Qué consejo les da sobre la vergüenza?
- ¿El tema de la comunicación es interesante? ¿Por qué?

¡ME ENCANTA CÓMO HABLA MAYA!

## ANALIZAMOS LA EXPLICACIÓN

**3** **Prestad atención a cómo habla Maya.**

- ¿De dónde es la periodista?
- ¿En qué idioma habla?
- ¿Utiliza palabras diferentes de las que conocéis? ¿Cuáles?
- ¿La habéis entendido?
- ¿Qué significa *ahorita* y *celular*?

Podéis escuchar de nuevo el audio.

## 4 ¿Dónde está el país de Maya? ¿Cómo se llama? Consultad en internet y pintadlo.

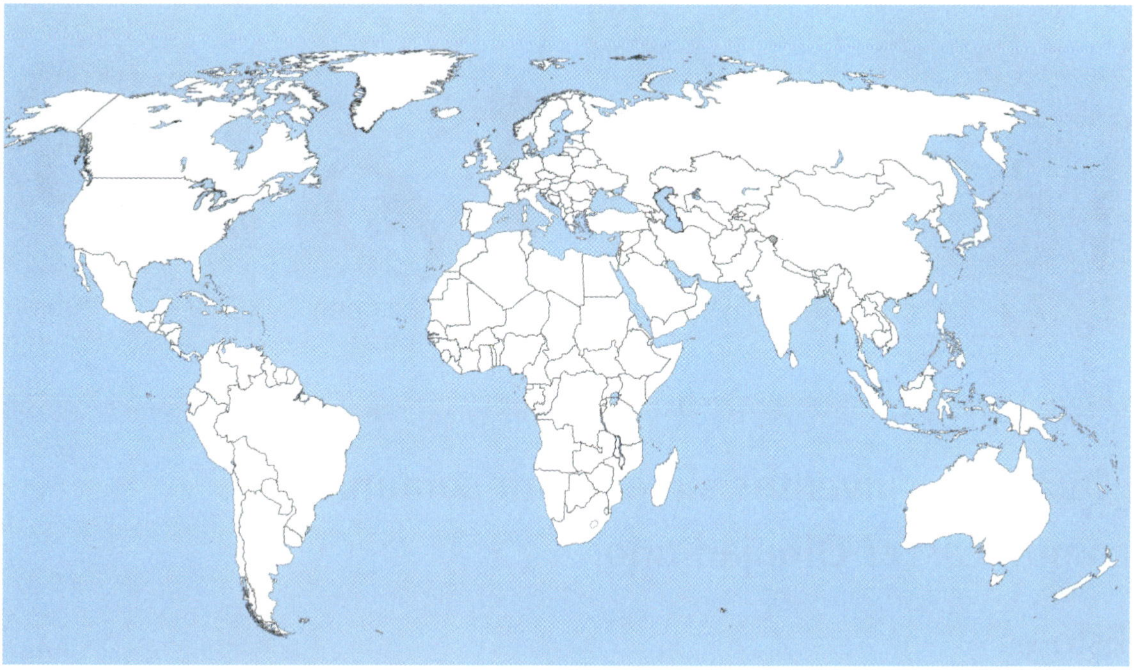

Escribe el nombre ..................................................

## 5 Completa:

ENTENDEMOS | MUNDO | MÉXICO | CASTELLANA

La lengua ..................................................
se habla en muchos países del
..................................................,
por ejemplo en ...............................................
No se habla de la misma manera en todas partes, pero nos ................................................

**6** ¿De cuáles de estos inventos habla la periodista en su explicación?

**7** ¿Qué otros inventos sirven para comunicar o comunicarse? Dibujad uno.

Esto es ........................................................................................................ .

Sirve para ........................................................................................................

y funciona ........................................................................................................ .

**8** Compartid vuestras explicaciones y escoged el invento que más os guste para preparar una exposición oral más completa a toda la clase.

## PREPARAMOS UNA EXPLICACIÓN ORAL

**9** **Buscad más información sobre el invento. Podéis anotar lo más importante aquí:**

- ¿Cuándo se inventó? ..................................................
- ¿Quién lo inventó? ..................................................
- ¿Cómo es? ¿Ha cambiado con el tiempo? ..................................................

..................................................

- ¿Qué permite comunicar o cómo permite comunicarse?

..................................................

**Si podéis, buscad también fotografías.**

**10** **Repartid lo que va a exponer cada miembro del grupo y ensayad en voz alta para ayudaros a mejorar. Recordad:**

¡La vergüenza en el bolsillo!

¡En orden!

¡Hablad claro y alto!

¡Acompañaos con gestos!

¡Escuchad!

## HABLAMOS EN PÚBLICO

**11** **Es hora de exponer. Cada grupo explica su invento a los demás. Buscad una foto del invento y pegadla aquí.**

## VALORAMOS

**12** **¿Qué has aprendido?**

- ◯ He esperado mi turno para hablar.
- ◯ He superado la vergüenza.
- ◯ He observado que el castellano tiene variantes.
- ◯ He hablado alto y claro, sin gritar.
- ◯ He seguido el orden al exponer.

### PARA TERMINAR, PIENSA...

✓ ¿Cuál de las actividades te ha ayudado más a hablar mejor en público? ¿Por qué?

**¿TE HA GUSTADO?**

¿Quién será Coco?

- [ ] Una mascota.
- [ ] El personaje de un cuento.

28

# ¿POR QUÉ NOS GUSTA LEER?

¿A ti te gusta leer?
¿Qué tipo de libros?

**EN ESTE ITINERARIO APRENDEREMOS...**

- a comprender una historia que leemos.
- por qué nos gusta leer.
- a escribir correctamente las palabras con *za, ce, ci, zo, zu*.

¿QUÉ AVENTURAS VIVIRÉ CON COCO?

## EL PEQUEÑO DRAGÓN COCO Y SUS AVENTURAS

**Ingo Siegner (fragmento)**

*¿Qué significa arrecife?*

La noticia se extiende como la espuma: ¡Coco y Matilde quieren ir a la Luna! De repente, el arrecife se llena de curiosos. También han venido Manuel, Elsa y los padres de Matilde.

—¡Qué torre más extraña! —dice un elefante.

—No es una torre —le corrige una rana—. ¿No lo veis?

Las ranas saben mucho de cohetes.

—¡Si hasta tiene tubos propulsores! —exclama otra rana, sorprendida.

Un cohete para ir a la Luna construido por un dragón y un puercoespín... ¿Cuándo se ha visto cosa igual?

En este momento resuena una fuerte explosión. El cohete comienza a temblar. De los tubos propulsores sale humo blanco, tanto que ya no se ve el cohete. Al mismo tiempo, se oyen zumbidos, crujidos, golpes, ruidos de toda clase, como si pasasen a la vez cien tractores.

*¿Qué significa estruendo?*

El estruendo es cada vez mayor, hasta que, de repente, el humo se eleva hacia el cielo.

—¡Vuela! —grita una rana emocionada.

Y así es: poco a poco, el cohete se eleva del suelo y tiembla como una lata vieja durante un terremoto.

## COMPRENDEMOS LA HISTORIA

**1** **¿De qué trata esta aventura? ¿Cómo la explicaríais a un amigo o una amiga?**

**2** **¿Adónde quieren ir Coco y Matilde?**

**3** **Piensa. ¿Qué es verdad (V) y qué es mentira (M)?**

- ☐ Coco y Matilde salen cuando ya ha oscurecido.
- ☐ En el arrecife no hay nadie más que ellos dos.
- ☐ En el despegue se oyen los zumbidos de los tractores.

¡QUÉ PESADO, TANTO LEER! ¡PERO SI ES MUCHO MEJOR DIBUJAR!

## DESCUBRIMOS EL PORQUÉ DE LA LECTURA

**4 Pensad y comentad si estáis de acuerdo con Irene... Poned en común las respuestas de los grupos.**

- ¿Qué preferís: leer o dibujar? ¿Por qué?
- ¿Qué historias os gusta leer?
- ¿Qué sentís cuando leéis una historia que os gusta?
- ¿Para qué creéis que leemos? ¿Para qué sirve leer?

**5 Observad las tarjetas. ¿Cuál completa mejor la frase «Leemos para...»?**

Hemos elegido la tarjeta ........................................

porque ........................................

........................................

**6 Inventad una frase sobre la lectura o sobre leer.**

- ¿Y si la convertís en un punto de libro o en un cartel para colgar en la puerta?

7 En la historia leemos: «el humo se eleva hasta el cielo» y «se oyen zumbidos». Fíjate en cómo suenan las letras destacadas.

Rodea los dibujos que tengan ese sonido en su nombre. Escríbelos debajo:

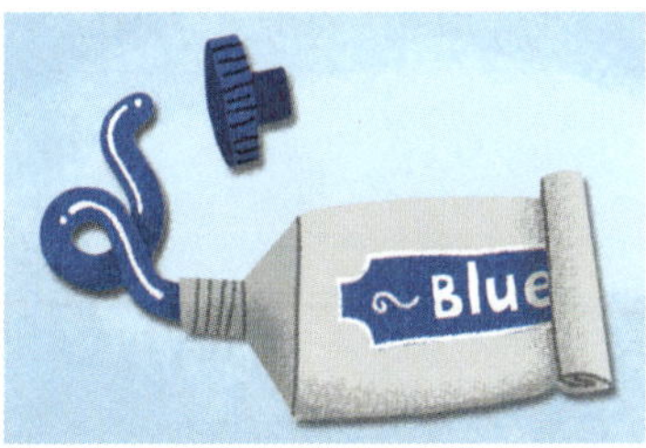

8 Imaginad... ¿Qué podrían subir Coco y Matilde en el cohete? Completad con za, ce, ci, zo o zu.

| | | | |
|---|---|---|---|
| ☐nahoria | ta☐ | a☐car | ☐mo |
| po☐ | ☐elo | ☐ruela | ☐reza |

Se escribe z delante de a, o, u y se escribe c delante de e y de i.

Itijuegos / LAS LETRAS ZA, CE, CI, ZO, ZU

## LEEMOS Y COMPRENDEMOS

**9** **¿Quieres conocer el final de la aventura? Lee y dibújalo.**

El viaje a la Luna no ha sido un éxito, pero el cohete ha volado un poco, ¡y eso no lo hace cualquiera! Desde ese día, sobre el arrecife de la isla del Dragón hay un pequeño faro para cohetes.

## VALORAMOS

**10** **¿Cómo lo has hecho?**

- He comprendido la historia de Coco.
- Entiendo por qué es importante leer.
- Sé cuando escribir *z* o *c*.

### PARA TERMINAR, PIENSA...

✓ ¿Te gustaría leer más aventuras de Coco? ¿Por qué?

**¿TE HA GUSTADO?**

# ¿PREPARAMOS LAS INVITACIONES?

29

## ¿Cómo lo hacemos? ¿Para quién son?

**EN ESTE ITINERARIO APRENDEREMOS...**

- a leer los datos de una invitación.
- a escribir una invitación.
- a identificar los tiempos verbales.

## 1 Leed esta invitación y contestad:

FIJAOS EN ESTA INVITACIÓN QUE TENÍA EN CASA.

- ¿Quién escribió esta invitación? ..........
- ¿A quién invitó? ..........
- ¿Qué se celebraba? ..........
- ¿Dónde? ..........
- ¿Qué día fue la fiesta? ..........
- ¿A qué hora empezó la fiesta? ..........

## NOS FIJAMOS EN OTRAS INVITACIONES

**2** Leed las tarjetas y unidlas para crear tres invitaciones.

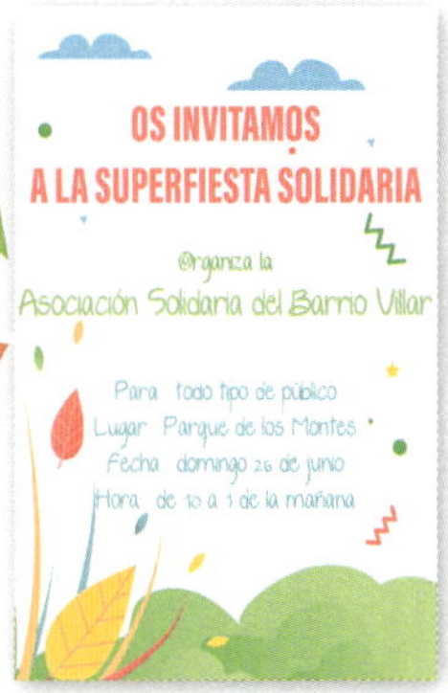

| | | | |
|---|---|---|---|
| ¿Qué se celebra? | | | |
| ¿Quién invita? | | | |
| ¿Dónde? | | | |
| ¿Qué día? | | | |
| ¿A qué hora? | | | |

- ¿Qué otra información es importante? ..........

..........

..........

- ¿Qué datos debe tener una invitación? ..........

..........

..........

## 3 Ahora, fíjate bien y lee esta invitación. ¿Qué falta en la invitación de Edu? Complétala.

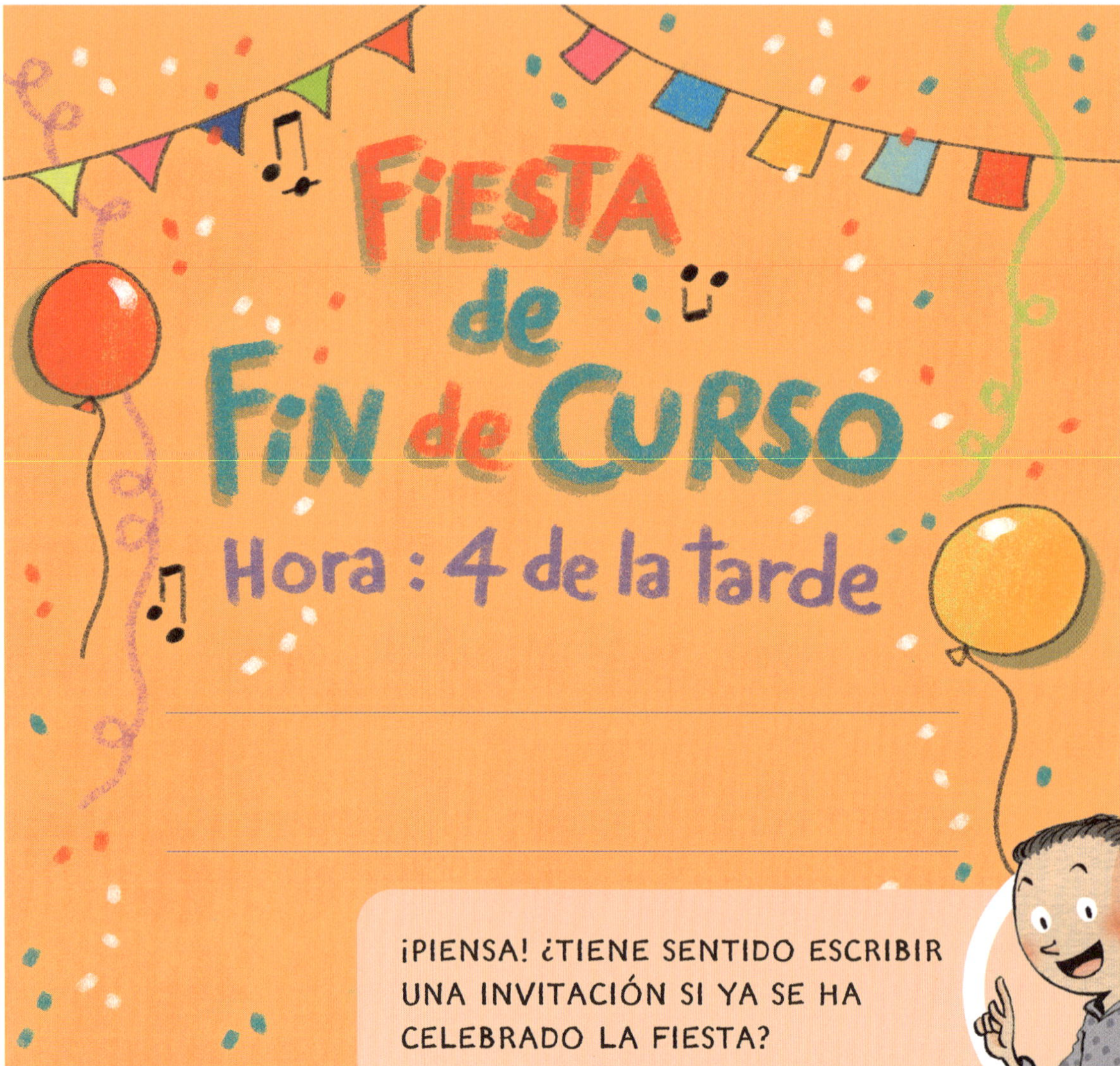


¡PIENSA! ¿TIENE SENTIDO ESCRIBIR UNA INVITACIÓN SI YA SE HA CELEBRADO LA FIESTA?

**NOS FIJAMOS EN... LOS TIEMPOS VERBALES**

## 4 Lee y completa las frases.

**Ayer • Ahora • Mañana**

________ Jana prepara las mesas.

________ celebraremos la fiesta de fin de curso.

________ Edu escribió la invitación.

## 5 Ahora, clasifica las palabras destacadas.

- Mañana **celebrarán** la fiesta de final de curso.
- Irene **mostró** la invitación de la fiesta de primavera.
- Edu no **escribió** la invitación.
- Después de la fiesta **irán** a casa de los abuelos.
- Edu y Jana **pintan** los carteles.
- Irene y Paula **ayudan** a decorar el patio.

| PASADO (ya ha sucedido) | PRESENTE (está pasando) | FUTURO (todavía tiene que pasar) |
|---|---|---|
| | | |
| | | |

## 6 Inventa tres frases sobre Edu.

- El domingo pasado ....................................................
  ....................................................
- Ahora ....................................................
  ....................................................
- La semana que viene ....................................................
  ....................................................

Itijuegos / LOS TIEMPOS VERBALES

## ESCRIBIMOS UNA INVITACIÓN

**7** **Con lo que ya sabes, ¿a qué te gustaría invitar a un amigo o amiga? Prepara la invitación.**

## VALORAMOS

**8** **¿Qué has aprendido?**

- ◯ Comprendo la información que se da en una invitación.
- ◯ Identifico el presente, pasado y futuro de los verbos.
- ◯ Sé escribir una invitación.

### PARA TERMINAR, PIENSA...

✓ ¿Has hecho los trabajos de forma ordenada?

✓ ¿Te han gustado las actividades en grupo?

**¿TE HA GUSTADO?** ☆ ☆ ☆

# ENTRÉNATE

## COMPETENCIAS ESPECÍFICAS

**¿TIENES MIEDO?** Practica para hablar y escribir mejor a partir de tus emociones.

E

ESCUCHAMOS

¿Qué le pasa a Edu? Escucha y contesta:

**1** ¿Con quién habla Edu?

- ◯ Con Jana.
- ◯ Con la madre de Paula.
- ◯ Con Paula.

**2** ¿Qué explica?

- ◯ Un sueño.
- ◯ Una película.
- ◯ Un libro.

**3** ¿Qué significa «estar aterrado»?

- ◯ Aterrizar.
- ◯ Tener mucho miedo.
- ◯ Estar triste.

**4** Tiene miedo del...

◯  ◯  ◯ 

**5** Si vieras un animal salvaje...

- ◯ tendrías miedo.
- ◯ te gustaría verlo de cerca.

LEEMOS

**Lee y marca las respuestas correctas.**

# COLECCIÓN DE SOMBRAS

**Teresa Clua (fragmento)**

Era de noche, todos dormían plácidamente cuando, de repente, un ruido me despertó. Afiné el oído un poco más y noté que era sospechoso, parecía que alguien había entrado en casa y estaba revolviendo nuestras cosas... Cada vez estaba más segura de que allí había un LADRÓN.

El primer impulso fue esconderme bajo las sábanas, pero después pensé:

—¡Una sombra de ladrón!, esta sí que es buena.

Así que cogí la cámara y, poco a poco, fui saliendo de la habitación en dirección al comedor. Intentaba no hacer ruido, creo que ni respiraba. A medida que iba avanzando veía que todo aquello provenía de la cocina. Pude llegar hasta la mesa del comedor, allí me quedé paralizada unos segundos. La puerta de la cocina estaba abierta y la luz de la Luna se escapaba por aquella abertura.

Me fui acercando, el ruido era cada vez más intenso, persistente... Haciendo un paréntesis a la situación de terror que estaba viviendo, tuve la idea de, más adelante, coleccionar ruidos: ¡el ruido de ladrón era terrorífico!

6 ¿Qué ocurre?

- ◯ Se han encendido las luces de la cocina.
- ◯ Se oyen ruidos en la cocina.

7 ¿Cuándo? ¿En qué momento del día?

- ◯ De día.
- ◯ Durante la noche.

8 María es quien cuenta lo ocurrido. ¿Cómo crees que está?

- ◯ Está contenta por tener una sombra más.
- ◯ Tiene miedo.

9 El ruido del ladrón era «terrorífico» o...

- ◯ aterrador.
- ◯ tranquilizador.

## ESCRIBIMOS

¿Y a ti qué te da miedo? ¿Qué te asusta?
Explica cuándo has sentido miedo y por qué.

# Programación

**1 ¿Quién es quién?**

Audición y comprensión de presentaciones personales • Preparación de una presentación personal • Conversación • Normas de conversación • Identificación de diferentes lenguas.

**2 Cuando bailas, ¿en qué te fijas?**

Lectura y comprensión de la letra de la canción *Dos alegres esqueletos* • Vocabulario • Identificación y escritura del título.

**CL** El verbo.

**3 ¿Hablamos?**

Audición y comprensión oral de una conversación • Expresión de las ideas propias • Dramatización de una conversación • Descripción de un espacio • Lectura y compleción de frases.

**4 ¿Cómo voy a acordarme de todo?**

Identificación y lectura de listas • Las listas y su utilidad • Escritura de palabras (lista).

**CL** Los grupos de palabras.

**5 ¿Me la describes?**

Audición y comprensión de una conversación • Descripción oral de un alimento. Vocabulario sobre alimentos • Lectura y resolución de adivinanzas • Escritura de una descripción.

**6 ¿Recitamos una poesía?**

Lectura y comprensión de las poesías *El gallo despertador* y *Doña Pito Piturra*, de Gloria Fuertes • Identificación de la rima en los versos • Recitación de poesías.

**CL** Escritura de palabras con *ca, que, qui, co, cu*.

**7 ¿Qué cuento te cuento?**

Audición y comprensión de un cuento • Lectura y comprensión de un cuento • Invención de un cuento • Identificación de la estructura de los cuentos • Narración de una historia en voz alta.

**8 Los personajes de un cuento… ¿cómo se inventan?**

Lectura y comprensión de un texto literario (*Las aventuras de Pinocho*, de Carlo Collodi) • Los personajes de un cuento.

**CL** El género y el número de los sustantivos.

**9 ¿Para qué escribimos notas?**

Lectura y comprensión de textos breves (la nota) • Utilidad de las notas • Identificación de las partes de una nota • Escritura de una nota.

**CL** Reconocimiento y escritura de palabras con *ch*.

**E ENTRÉNATE**

**¿Qué te gusta?** Actividades individuales para practicar la comunicación oral y escrita partiendo de tus emociones y tus sentimientos.

**11 ¿Resolvemos adivinanzas?**

Audición y comprensión de adivinanzas • Lectura y resolución de adivinanzas • Identificación de las pistas en las adivinanzas • Vocabulario sobre plantas.

**12 ¿Cómo se describe a una persona?**

Lectura y comprensión de un fragmento de *Días de clase*, de Daniel Nesquens • Descripción de una persona.

**CL** Identificación y escritura de sinónimos y antónimos.

**13 ¿Te gusta contar lo que te pasa?**

Lectura y comprensión de una narración • Narración de vivencias • Formación de oraciones • Vocabulario sobre animales • Escritura de vivencias propias.

**CL** Las oraciones y los verbos.

**14 ¿Cómo damos instrucciones?**

Audición y comprensión oral de un texto instructivo • Las instrucciones orales • Lectura y comprensión de un texto instructivo.

**15 ¿Qué ocurre en esta fábula?**

Lectura y comprensión de la fábula *La cigarra y la hormiga* • Las fábulas.

**CL** Reconocimiento y escritura de palabras con *ñ*.

**CL** Conocimiento de la lengua

**16** ¿Cómo podemos expresar nuestras opiniones?

Comprensión de una conversación • Preparación y participación en un debate • Expresión de opiniones • Valoración de la necesidad de conocer diferentes lenguas • Lectura y comprensión de un texto escrito.

**17** ¿Qué nos cuentan las poesías?

Lectura y comprensión de la poesía *Doña Primavera*, de Gabriela Mistral • Aprendizaje de palabras de otras lenguas • Memorización y recitación de una poesía.

CL Las comparaciones.

**18** ¿Cómo podemos explicar lo que pasa?

Audición y comprensión de una entrevista • Preparación de una entrevista • Medios de comunicación • Escritura de una noticia.

**19** ¿Cómo describirías este paisaje?

Lectura y comprensión de la descripción de un paisaje • Escritura de la descripción de un paisaje.

CL Identificación y escritura de palabras con *h*.

**E** ENTRÉNATE

**¿Cuándo te enfadas?**
Actividades individuales para practicar la comunicación oral y escrita partiendo de tus emociones y tus sentimientos.

**21** Y tú, ¿qué refranes conoces?

Audición y comprensión de una conversación • Reconocimiento y comprensión de los refranes • Lectura y compleción de refranes • Conciencia de la existencia de refranes en distintas lenguas.

**22** ¿Qué cuenta la historia del pastor y el lobo?

Lectura y comprensión de la fábula *El pastor y el lobo* • Identificación de los diálogos en el texto • Escritura de un diálogo.

CL Las modalidades oracionales y los signos de puntuación.

**23** ¿Por qué hay que seguir las recetas?

Lectura y comprensión de un texto instructivo • Escritura de instrucciones.

CL Identificación de palabras de una misma familia • Reconocimiento y escritura de palabras con *bl* o *br*.

**24** ¿Sabes pedir en un restaurante?

Audición y comprensión de una conversación • Dramatización de una conversación • Lectura y comprensión de un diálogo • Vocabulario y expresiones para hablar con educación • Conocimiento de la diversidad de lenguas.

**25** ¿Qué sabes de las nanas?

Lectura y comprensión de *Canción de cuna de los elefantes*, de Adriano del Valle • Recitación y lectura de una nana en voz alta.

CL Identificación de palabras polisémicas.

**26** ¿Qué es un diario secreto?

Lectura y comprensión de vivencias personales • El diario personal • Escritura de vivencias personales.

CL Reconocimiento y escritura de palabras con *j*.

**27** ¿Cómo hablar bien en público?

Audición y comprensión de una entrevista • Preparación y exposición oral • Diferencias y similitudes entre lenguas.

**28** ¿Por qué nos gusta leer?

Lectura y comprensión de *El pequeño dragón Coco y sus aventuras*, de Ingo Siegner • Valoración e interés por la lectura.

CL Identificación y escritura de palabras con *za, ce, ci, zo, zu*.

**29** ¿Preparamos las invitaciones?

Las invitaciones • Lectura y comprensión de invitaciones • Estructura de una invitación • Escritura de una invitación.

CL Clasificación de los tiempos verbales • Compleción e invención de frases.

**E** ENTRÉNATE

**¿Tienes miedo?** Actividades individuales para practicar la comunicación oral y escrita partiendo de tus emociones y tus sentimientos.

## Referencias bibliográficas


2 «Los alegres esqueletos», canción popular.

6 «El gallo despertador», en *Me crece la barba. Poemas para mayores*. GLORIA FUERTES. Reservoir Dogs, Penguin Random House Grupo editorial, 2017.

«Pitu Piturra», en *Animalitos amigos. Lee con Gloria Fuertes*. GLORIA FUERTES, Susaeta ediciones, 2009.

8 *Las aventuras de Pinocho*, CARLO COLLODI. Traducción de Antonio Colinas, editorial Edhasa. (fragmento adaptado)

10 *Magic Hero. Marvin y el dragón regordete*, SIR STEVE STEVENSON, Editorial La Galera, 2018.

12 *Días de clase*, DANIEL NESQUENS, Editorial Anaya, 2004. (fragmento adaptado)

15 *La cigarra y la hormiga*, adaptación de la fábula de Esopo.

17 «Doña Primavera» en *Antología poética*, GABRIELA MISTRAL, Biblioteca Edaf 245, Ed. Edaf, 1999.

20 *Bea y Guille. Bea no quiere ser la mayor*, MARÍA MENÉNDEZ-PONTE, Editorial La Galera, 2017.

22 *El pastor y el lobo*, adaptación de la fábula de Esopo.

25 «Canción de cuna de los elefantes», en Poesía española para niños. ADRIANO DEL VALLE, Ed. Alfaguara, 1997.

28 *El pequeño dragón Coco y sus aventuras*, INGO SIEGNER, Editorial La Galera, 2010.

30 *Colecciones. Colección de sombras*, TERESA CLUA, Editorial La Galera, 2001.

**Itinerario 1**

JANA

EDU

IRENE

PAULA

**Itinerario 2**

SALTAR

BEBER

REÍR

**Itinerario 3**

AL COMPAÑERO

LA PALABRA

ATENCIÓN

EL TURNO

**Itinerario 5**

SANDÍA

PLÁTANO

**Itinerario 9**

Acuérdate de traer el desayuno envuelto en un material reciclable.

El agua del grifo de las habitaciones
no puede beberse porque
no es potable.
Disculpen las molestias.

Paula:

Estimados clientes:

Irene

La dirección del hotel

**Itinerario 12**

ATENTA

HURAÑA

AFECTUOSA

DESCONCENTRADA

ANIMADA

VERGONZOSA

**Itinerario 13**

CABALLITO DE MAR

TIBURÓN

MERLUZA

ATÚN

DELFÍN

**Itinerario 14**

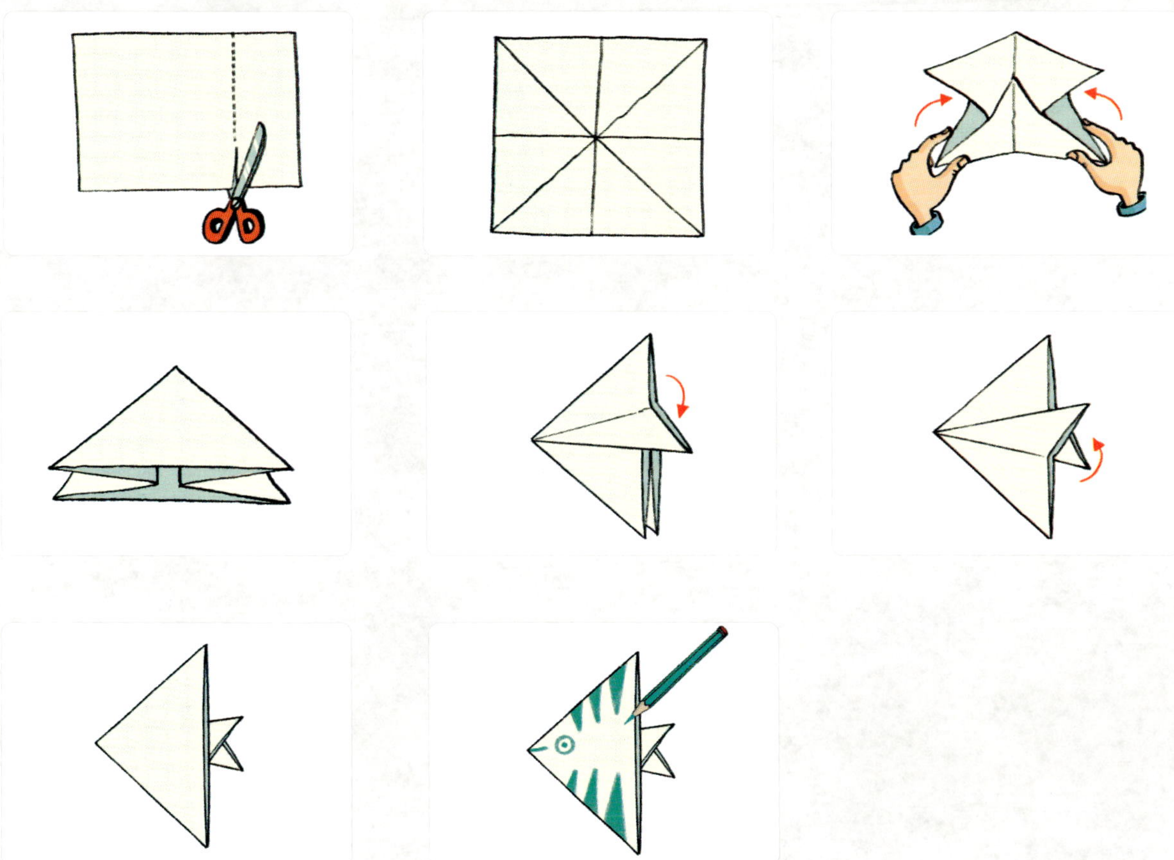

**Itinerario 19**

**Itinerario 21**

lo que puedas hacer hoy

fuerza

con su pareja

**Itinerario 22**

NO TIENE GRACIA.

¿DÓNDE ESTÁ EL LOBO?

¡QUÉ DIVERTIDO! OS LO HABÉIS CREÍDO.

**Itinerario 24**

PERDONE, ¿NOS PUEDE TRAER HELADOS?

POR FAVOR, ¿DE QUÉ SABORES SON?

MUCHAS GRACIAS.

DE NATA O CHOCOLATE. ¿CUÁL PREFERÍS?

ME DEJAS PROBAR, ¿POR FAVOR?